OBJECTIF
LECTURE

W0300052

ASTRID CHARLERY LABOUCHE

lecture silencieuse

FICHIER
CE1
CYCLE 2

HATIER

Sommaire

Mise en page : Christine Delormeau - Illustrations : Philippe Raynal - Iconographie : Hatier Illustration

ISBN 2-218 72 270-4

Test d'évaluation n°1

Le petit soldat de plomb

Il était une fois un petit garçon qui avait parmi ses jouets une boîte en carton contenant vingt-cinq soldats de plomb. Ils se ressemblaient tous, sauf un qui n'avait qu'une jambe. Mais il se tenait tout aussi droit que les autres sur son unique jambe. **46 mots**

Le petit garçon possédait d'autres jouets dont le plus gros était un château en carton. Près du portail du château il y avait le plus beau jouet de tous : une petite danseuse en carton. **81 mots**

Elle portait un tutu de fine mousseline et sur le ruban bleu qui entourait ses épaules brillait une magnifique paillette rose.

La petite danseuse levait la jambe si haut, que le petit soldat de plomb croyait qu'elle n'avait, comme lui qu'une seule jambe. **127 mots**

D'après *Le Petit soldat de plomb.*

✎ As-tu bien compris ?

Parmi les trois réponses, coche celle qui correspond au texte.

1. Les jouets appartiennent à :

- ❒ une fillette.
- ❒ un petit garçon.
- ❒ à personne.

2. La boîte contenait :

- ❒ 20 soldats.
- ❒ 24 soldats.
- ❒ 25 soldats.

3. Les soldats sont :

- ❐ en bois.
- ❐ en plomb.
- ❐ en plastique.

4. Tous les soldats se ressemblaient sauf un.

- ❐ Il n'avait qu'une jambe.
- ❐ Il avait perdu son fusil.
- ❐ Il ne tenait pas droit.

5. Le plus gros jouet du petit garçon était :

- ❐ un soldat de plomb.
- ❐ une tour en carton.
- ❐ un château en carton.

6. Le plus beau jouet était :

- ❐ un cygne de cire.
- ❐ une petite danseuse en carton.
- ❐ le petit soldat de plomb.

7. La petite danseuse portait :

- ❐ une jupe bleue.
- ❐ une longue robe blanche.
- ❐ un tutu.

8. Le ruban sur ses épaules était :

- ❐ bleu.
- ❐ vert.
- ❐ rose.

9. La danseuse avait :

- ❐ un diamant.
- ❐ un diadème.
- ❐ une paillette.

10. Le petit soldat pensait que la danseuse n'avait :

- ❐ qu'un seul bras.
- ❐ qu'une seule jambe.
- ❐ qu'un seul soulier.

10

fiche n°1
Banc d'essai

Un pou et une puce

Un pou et une puce
Qui jouaient aux cartes,
Au jeu de piquet
Sur un tabouret.
La puce a triché
Le pou en colère
Passa par derrière
Lui tirer le chignon.

Rondes, berceuses, comptines, chansons et Cie,
« Petites comptines pour tous les jours »,
éd. Nathan.

Découvre le texte

Colorie dans chaque série le dessin qui correspond à l'histoire.

1.

a

b

c

2.

a

b

c

3.

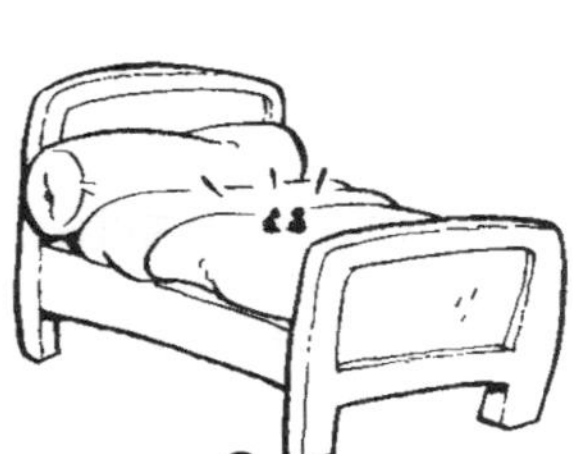
a

b

c

fiche n°1
Banc d'essai

Retiens les informations

1. Colorie les cartes avec lesquelles le pou et la puce jouent.

2. Relie les morceaux de phrases qui vont ensemble.

Le pou est en colère parce •

- • qu'il a perdu.
- • que la puce a triché.
- • qu'il a des mauvaises cartes.

Le pou •

- • tira le chignon.
- • tira la langue.
- • tira les cheveux.

Le pou passa •

- • par devant.
- • par dessus.
- • par derrière.

Au-delà du texte

1. Complète les cartes qui manquent dans cette série.

2. Parmi ces jeux, entoure ceux qui se jouent avec des cartes.

la bataille - les quilles - les dominos - les dames - le game boy - le loto - le pocker - le jeu des 7 familles

fiche n°2
Banc d'essai

Sur le chemin de ma main

Dans le creux de ma main
Il y a trois chemins
J'ai pris celui du milieu

Ça sentait bon la lavande
Que je venais de toucher
Ça sentait même la pomme
Que je venais de manger
Et ça sentait encore le baiser
Que maman avait posé
Avant d'aller travailler

Sur le chemin de ma main
Un petit grain a poussé
On l'appelle grain de beauté

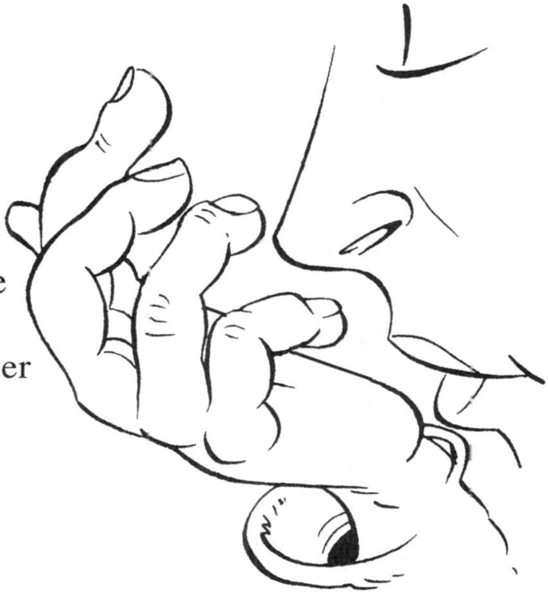

Françoise Bobe, *Rondes, berceuses, comptines, chansons et Cie*,
Petites comptines pour tous les jours, éd. Nathan.

✎ Découvre le texte

Voici une main.

1. Repasse le chemin choisi par l'enfant. Dessine un grain de beauté.

2. Colorie ce que l'enfant peut sentir dans sa main.

a

b

c

d

e

Banc d'essai

Retiens les informations

1. Relie les morceaux de phrases qui vont ensemble.

La lavande •	• que maman avait posé.
La pomme •	• que je venais de toucher.
Le baiser •	• que je venais de manger.

2. Entoure la bonne réponse. Dans ma main, il y a :

un grain de beauté - un grain de maïs - un grain de riz

Au-delà du texte

1. Classe les odeurs.

le linge sale, la poubelle, le parfum de maman, les framboises, les égouts, le chocolat

bonnes odeurs	mauvaises odeurs
....	....
....	....
....	....

2. Numérote les images dans l'ordre.

3. Respire dans le creux de ta main. Écris ce que cela sent.

....

fiche n°3
Banc d'essai

Cultivons notre langage

avoir un cœur d'artichaut

avoir la pêche

être une bonne poire

avoir des oreilles en feuilles de chou

tomber dans les pommes

être rouge comme une tomate

Découvre le texte

1. Colorie le dessin qui veut dire « s'évanouir ».

2. Écris les noms des quatre fruits de ces expressions.

.... | ....

.... | ....

3. Colorie le dessin qui correspond à cette expression :

avoir la pêche

a

b

c

fiche n°3
Banc d'essai

Retiens les informations

1. Entoure les bonnes expressions, barre les fausses.

tomber dans les poires
avoir des oreilles en feuilles d'artichaut
avoir la pêche
être rouge comme une tomate

2. Relie les expressions qui veulent dire la même chose.

avoir un cœur d'artichaut •	• être trop gentil
être une bonne poire •	• changer d'amoureux

3. Complète par un dessin.

Quand je suis timide, je rougis
et je deviens rouge comme une … →

Au-delà du texte

1. Retrouve l'expression qui se cache dans ce rébus.
Écris-la en vérifiant l'orthographe au dos de la fiche.

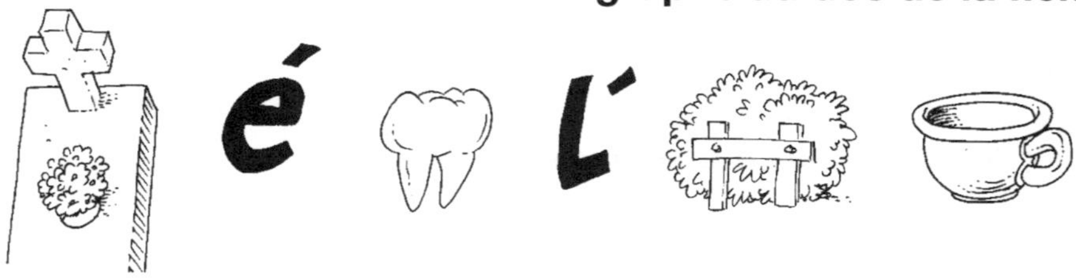

....

2. Complète ces comparaisons avec des noms d'animaux.

Être têtu comme une	Être rusé comme un	Être doux comme un	Être bête comme une
....	....	....	....

Hanzel et Gretel (1)

En s'approchant, Hanzel et Gretel remarquèrent que la maisonnette était bâtie en pain et recouverte d'un toit de gâteaux, tandis que les fenêtres étaient de sucre transparent.
– Voilà ce qu'il nous faut, dit Hanzel et nous allons faire un bon repas.
– Je vais manger un morceau du toit. Gretel, toi, tu manges la fenêtre. C'est doux...
Hanzel grimpa et cassa un morceau du toit pour découvrir quel goût cela avait, pendant que Gretel se mit à lécher les carreaux.

Découvre le texte

1. Entoure la bonne réponse. Que découvrent Hanzel et Gretel ?

des lapins blancs — une maisonnette en pain — des pins

2. Colorie la maisonnette de l'histoire.

3. Hanzel et Gretel grignotent la maison. Complète.

Hanzel goûte au .... Gretel lèche les ....

fiche n°4
À table

Retiens les informations

1. Relie les mots qui vont ensemble.

La maisonnette est en •	• sucre
Le toit est en •	• gâteaux
Les fenêtres sont en •	• pain

2. Pourquoi Hanzel et Gretel grignotent-ils la maison ? Entoure la bonne réponse.

– parce qu'ils ont soif.

– parce qu'ils ont faim.

– parce qu'ils s'ennuient.

Au-delà du texte

1. Entoure le titre de cette histoire.

– Hanzel et Gretel

– Le lapin de pain d'épice

– Le Chat botté

2. Écris et dessine comme l'exemple :

On dit qu'une petite maison est une **maisonnette**.

une gaufre

Une petite gaufre est une ....

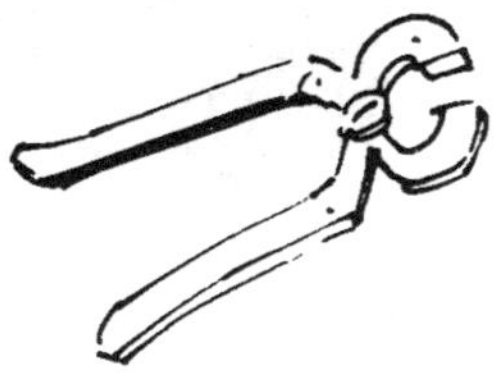

une pince

Une petite pince est une ....

fiche n°5
À table

Hanzel et Gretel (2)

Tout à coup une voix douce cria de l'intérieur :
- Liche, lèche lèchette qui lèche ma maisonnette ?
Et les enfants répondirent :
- C'est le vent qui lèche ainsi, c'est l'enfant du paradis.
Et ils continuèrent à manger sans se troubler. Hanzel qui prenait goût à la toiture, en descendit un grand morceau et Gretel arracha de la fenêtre une grande vitre ronde et s'en régala. Tout à coup la porte s'ouvrit et une femme vieille comme les pierres qui s'appuyait sur une béquille se traîna dehors. Hanzel et Gretel eurent si peur qu'ils laissèrent tomber ce qu'ils tenaient.

D'après *Hanzel et Gretel* .

Découvre le texte

1. Place les numéros 1-2-3 sous les dessins pour raconter l'histoire dans l'ordre.

2. Entoure les mots qui décrivent le personnage de cette maison.

homme femme jeune vieille rapide

fiche n°5

À table

✎ Retiens les informations

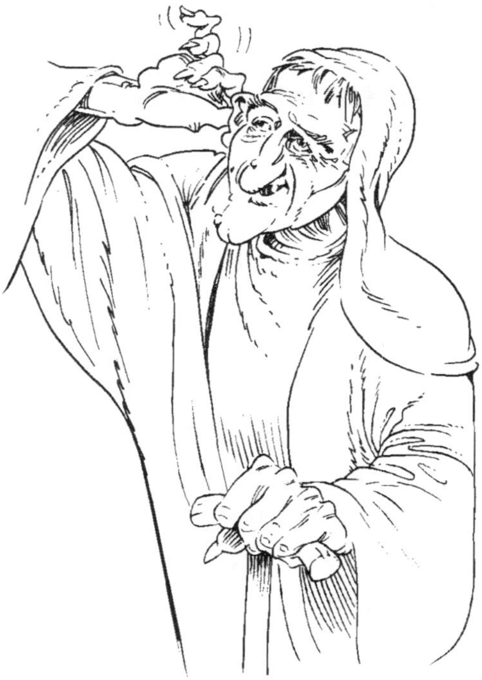

1. Coche la bonne réponse.

a. De l'intérieur une voix cria :

❐ lache, louche, louchette.
❐ liche, lèche, lèchette.
❐ croque, croqueline, croquelette.

b. « Qui lèche ma maisonnette ? »

❐ C'est le temps.
❐ C'est la souris.
❐ C'est le vent.

c. La femme était vieille comme :

❐ le temps.
❐ les pierres.
❐ la terre.

2. Écris pourquoi Hanzel et Gretel lachent ce qu'ils tenaient.

....

✎ Au-delà du texte

1. Entoure la bonne réponse. Ce texte est :

un conte — une histoire vraie — une chanson

2. Colorie toutes les maisons qui existent dans la réalité :

un chalet

un igloo

une maison-fleur

une case

fiche n°6
À table

Dame Tartine

Quand elle s'en allait à Paris,
Elle avait un petit bonnet
Il était en gâteau d' riz
couvert de chocolat au lait.

D'après *Dame Tartine, Chansons de France.*

✎ Découvre le texte

1. Colorie les aliments qui sont dans la chanson.

2. Colorie l'endroit où va Dame Tartine.

À table

Retiens les informations

Coche la bonne réponse.

1. Comment s'appelle la Dame de la chanson ?

❒ Dame Tantine
❒ Dame Trottine
❒ Dame Tartine

2. Où habite cette dame ?

❒ dans un palais
❒ dans une maisonnette
❒ dans une caravane

3. Que porte t-elle sur la tête ?

❒ un petit béret
❒ un petit chapeau
❒ un petit bonnet

Au-delà du texte

1. Selon tes goûts, complète la chansonnette avec :

Michocos, poireau, Carambar, poisson, Kréma, Régalade, Tic-tac, Toffees, Vichy, réglisse, glace, vanille, pâte d'amandes, bonbons, meringue, épinards, crème brûlée, coco, macaron, soupe.

Il était un p'tit homme gourmand
Dans un beau palais de ....
Les murailles étaient de ....,
Le parquet était ....
Sa chambre à coucher
en ....
Son lit de ....
Les rideaux ....

2. Dessine ce beau palais à côté de ton texte.

fiche n°7
À l'école

La rentrée des mamans (1)

À la grille de l'école, il y a plein d'autres mamans qui boudent devant l'entrée. Leurs petites filles et leurs petits garçons font semblant de ne pas s'en apercevoir. Ils retrouvent tous leurs copains :

– Oh, Pauline ! Tu es allée à la mer ? Ce que tu es bronzée ! Et toi, Antoine ?

– Moi j'étais à la campagne. Il y avait des cochons, des mouches et des myrtilles dans les bois, je te raconterai...

– Dans quelle classe tu es cette année ? Oh regardez, Mimi s'est fait couper les cheveux ! Ça lui va drôlement bien !

Découvre le texte

1. Dessine les mamans à l'endroit où elles se trouvent.

2. Écris tout ce qu'Antoine a vu à la campagne.

...................., ... et ....

3. Colorie Mimi.

À l'école

Retiens les informations

Coche la bonne réponse.

1. Les mamans :

- ❒ rigolent.
- ❒ boudent.
- ❒ s'affolent.

2. Les enfants retrouvent tous leurs :

- ❒ patins.
- ❒ pantins.
- ❒ copains.

3. Le titre de cette histoire est :

- ❒ La rentrée des enfants
- ❒ La rentrée des mamans
- ❒ La rentrée scolaire

Au-delà du texte

1. Entoure la bonne réponse.
Cette histoire se passe :

– au mois de novembre.

– au mois de juin.

– au mois de septembre.

2. Complète ce texte avec : montagne, Lucie, chamois.

– Oh, ... ! Tu es allée à la mer ?

Ce que tu es bronzée !

– Moi j'étais à la .... Il y avait des marmottes,

des .... et des myrtilles dans les bois,

je te raconterai.

La rentrée des mamans (2)

Enfin la cloche sonne. Les enfants se précipitent dans les bras de leurs mamans.
Pauline dit :
– À tout à l'heure, maman. Bon courage ! File prendre ton autobus maintenant il est grand temps...
Antoine dit :
– Travaille bien, maman, à ce soir ! N'aie pas peur, il ne m'arrivera rien pendant ton absence. (...)
Certaines mamans ne veulent pas quitter les bras de leurs enfants, d'autres restent accrochées des deux mains à la grille de l'école.
Les mamans réclament :
– Encore un bisou ! Et comme c'est le jour de la rentrée et que leurs enfants sont très patients, ils leur donnent encore un bisou.

D'après Jo Hoestland, *La rentrée des mamans*, coll. « Les Belles Histoires », © Bayard Poche.

Découvre le texte

Trois mots se sont glissés en plus dans ce texte. Barre-les.

Certaines mamans ne veulent pas quitter les bras de leurs enfants, d'autres restent accrochées des deux mains à la grille dorée de l'école.
Les mamans réclament :
– Encore un bisou baveux ! Et comme c'est le jour de la rentrée et que leurs enfants sont très patients, ils leurs donnent encore un centième bisou.

À l'école

✎ Retiens les informations

Coche la bonne réponse.

1. Les enfants embrassent leur maman parce que :

❒ c'est la sortie des classes.
❒ parce qu'elles partent en voyage.
❒ parce que la cloche sonne.

2. La maman de Pauline prend :

❒ un taxi.
❒ l'autobus.
❒ sa voiture.

3. Que réclament les mamans ?

❒ un câlin.
❒ un bisou.
❒ une caresse sur la joue.

✎ Au-delà du texte

1. Retrouve et barre le mot qui ne va pas dans cette liste, c'est un intrus :

un baiser, un câlin, un sourire, une fessée, un bisou

2. Relie chaque phrase au visage qui convient. Colorie.

La maman d' Antoine rigole. •

La maman d' Antoine boude. •

La maman d' Antoine est en colère. •

fiche n°9
À l'école

Au tableau

Programme des activités mardi 26 septembre

Mathématiques : problème

La directrice inscrit les élèves à l'atelier de peinture.
En Cm2, neuf enfants
en Cm1, six.
en Ce1/Ce2, cinq
et en CP, seulement le petit Pierre.
Calcule le nombre d'enfants inscrits.

Rappel

- faire les fiches de grammaire
- finir le dessin de poésie
- arroser les plantations
- compléter son herbier avec les feuilles séchées

À l'ordinateur : Salem et Clara

Découvre le texte

1. Écris la date écrite sur le tableau.

....

2. Comment s'appelle l'enfant de CP ? ....

3. Dessine tous les enfants de CM1 qui vont à la peinture.

fiche n°9
À l'école

Retiens les informations

1. Barre ce qui est faux. L'exercice proposé au tableau est :
une dictée - un problème - des opérations.

2. Colorie le matériel dont ont besoin les élèves ce matin.

3. Combien d'enfants travaillent sur l'ordinateur ce matin ?

....

Au-delà du texte

1. Relie les mots qui vont ensemble et le dessin qui correspond.

la feuille	•	•	à papier	•	
le stylo	•	•	de papier	•	
un double	•	•	décimètre	•	
le crayon	•	•	encre	•	

2. Colorie l'activité scolaire que tu préfères.

fiche n°10
La fête

La fête de l'école (1)

Antoine est en CE1.
Il raconte...

À la rentrée des toutes petites vacances de la Pentecôte, Georgette, la maîtresse, a dit que la fin de l'année était en vue. Laurent, toujours aussi malin, a mis ses main comme des jumelles.
Georgette a haussé les épaules. Elle n'avait pas de temps à perdre avec les idiots. En revanche, elle en avait à revendre pour nous expliquer, jusqu'à la récréation du matin, tout ce qui nous attendait pour cette journée qu'on allait préparer.
La plus belle journée de l'année : la fête de l'école.
On aurait dit que Georgette y était dans la grande cour, avec l'estrade, les stands, la musique et tous les parents. Elle mimait la pêche à la ligne, la vente des billets de tombola, le jeu de massacre où on dégomme des boîtes de conserve...

✎ Découvre le texte

Dans chaque série, colorie le dessin qui illustre le texte.

1.

a

b

c

2.

a

b

c

la fête

✎ Retiens les informations

1. Complète.

La maîtresse s'appelle .... Elle parle de la fête de l'école juste après les petites vacances de la .... Elle mime la pêche à la ligne, la tombola et le ....

2. Dessine :

des jumelles	une longue-vue

✎ Au-delà du texte

1. Dans cette liste, entoure les noms des stands d'une fête d'école.

le maquillage, les montagnes russes, la loterie, la course en sacs, la course de patins à glace, la pêche à la ligne, le chamboule-tout, le tir aux pigeons, les autos tamponneuses

2. Observe ces dessins et fais une croix sur les quatre différences qui se sont glissées dans le deuxième.

La fête de l'école (2)

Chaque classe devait préparer le spectacle en cachette.
Et comme dans la classe on était de tous les pays du monde, on allait préparer des danses du monde entier.
Abdel s'est cru rigolo en disant qu'il n'y avait pas d'Indiens dans l'école.
Georgette s'est mise en colère.
Le soir à la maison, j'ai tout raconté. J'avais été désigné comme chef d'une tribu africaine.
C'est moi qui commanderais le départ des tam-tams quand Georgette me ferait signe.
Elle me passerait aussi du noir sur le visage et je porterais un pagne que devait me fabriquer maman. (...)
Puis tout est allé très vite. Mon pagne était prêt. Et dans un coin de la classe, on a entassé le papier crépon et les vieilles affaires pour la braderie où tout est à 5 francs.

La Fête de l'école,
D'après Claude Gutman et S. Bloch, © éd. Casterman.

Découvre le texte

1. Entoure dans le texte le mot « classe » ?
Combien de fois le lis-tu ? ....

2. Complète :

Chaque classe devait préparer le .... en cachette. Et comme dans la classe, on était de tous les pays du ...., on allait préparer des .... du monde entier.

fiche n°11
La fête

3. Colorie ce que les enfants entassent au fond de la classe.

Retiens les informations

Coche la bonne réponse.

1. En quoi sera déguisé Antoine ?

❒ en chef indien
❒ en chef d'une tribu africaine
❒ en chef de bande

2. Qui se croit rigolo ?

❒ la maîtresse
❒ Antoine
❒ Abdel

3. Antoine donnera le signal de départ :

❒ du défilé.
❒ des tambours.
❒ des tam-tams.

4. Que portera Antoine ?

❒ un panier
❒ un pagne
❒ un peignoir

Au-delà du texte

1. Écris trois pays du monde que tu connais. Pense à la majuscule.

....

2. Relie chaque enfant à son pays d'origine. Colorie-les.

Écosse • Espagne • Chine •

fiche n°12
La fête

L'agenda d'Antoine (3)

C'est la dernière semaine avant la fête. Antoine a préparé son planning.

LUNDI

13 h : répétition chorale à la bibliothèque

MARDI

17 h : dentiste

MERCREDI

10 h : acheter le maquillage
13 h30 : aider Madame Durire à finir les paquets pour la pêche à la ligne

JEUDI

9 h30 : répétition générale salle des fêtes

VENDREDI

14 h : décoration de la salle
17 h : appeler Papy, pour le tam-tam

SAMEDI

13 h : installation des stands
14 h : rendez-vous pour se déguiser
14 h 30 : spectacle

DIMANCHE

Repos

Découvre le texte

Réponds aux questions.

1. Que doit faire Antoine mercredi ?

....

2. Quand doit-il aller chez le dentiste ?

....

3. Quel jour et à quelle heure Antoine doit-il décorer la salle ?

....

La fête

Retiens les informations

1. Numérote dans l'ordre les activités d'Antoine.

○ téléphoner à papy

○ dentiste

○ chorale

2. Coche la bonne réponse.

La journée la plus chargée pour Antoine est :

❒ mardi.
❒ samedi.
❒ dimanche.

Antoine a rendez-vous samedi à 14 h pour :

❒ répéter une dernière fois.
❒ finir les costumes.
❒ se déguiser.

Au-delà du texte

1. Relie chaque définition au mot qui correspond.

On y écrit les adresses	•	•	un agenda
On y écrit ses rendez-vous	•	•	un post-it
On y écrit un petit message	•	•	un carnet d'adresses

2. Complète cette page avec tes activités. Décore ton agenda.

LUNDI	MARDI	MERCREDI	
....	....	....	
....	....	....	
JEUDI	**VENDREDI**	**SAMEDI**	**DIMANCHE**
....	....	....	....
....	....	....	....

À la découverte du monde (1)

Le 20 février, sur des terres glaciales

Chère Sophie,

Un petit bonjour du Pôle Nord ! Je suis allé à l'école en traîneau à moteur.
En ce moment, je suis assis dans un petit igloo que j'ai construit à côté d'un trou dans la glace.
Et maintenant, je sais pourquoi les morses ont des défenses. Ils s'en servent pour sortir de l'eau.
Ils prennent des bains de soleil, même par -50°.
Je voudrais que tu voies les bébés phoques tout pelucheux se faire dorloter par leurs mamans.
Mais qu'est-ce qu'il fait froid !
À la première occasion, je monterai clandestinement à bord d'un bateau.

Ton Félix qui t'envoie des millions de bises.

Découvre le texte

1. Entoure les animaux rencontrés par Félix.

loup - ours blanc - morse - phoque - renne

2. Dessine l'engin utilisé par Nanouk et Félix pour aller à l'école.

3. Recopie tous les mots qui indiquent que Félix se trouve au Pôle Nord.

traîneau à moteur, ...

Les voyages

Retiens les informations

1. Barre les réponses qui sont fausses.

Félix écrit en direct du Pôle sud.
Les morses aiment prendre des bains de soleil.
Félix vit dans un trou.
Les morses utilisent leurs défenses pour sortir la tête de l'eau.

2. Complète.

Les bébés phoques ressemblent à des peluches. Ils sont tout doux, ils sont ....

Au-delà du texte

1. Place sur cette mappemonde (terre) les indications suivantes :

France

Pôle nord

Pôle sud

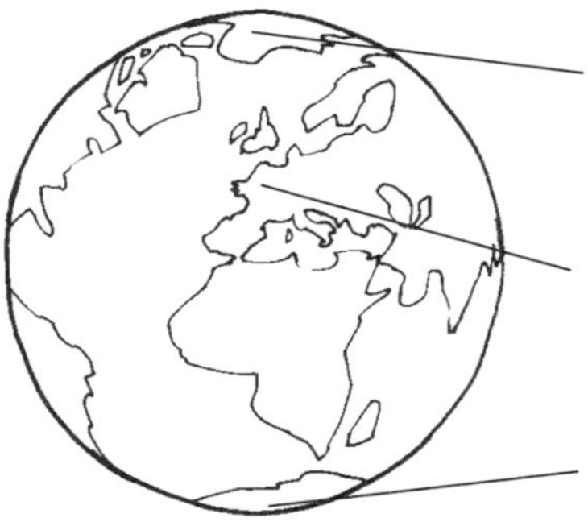

....

....

....

2. Entoure les moyens de locomotion qu'utilisent les habitants du Pôle.

traîneau, moto-neige, bicyclette, avion, voiture, train, ski, raquettes

3. Relie chaque personnage à sa maison.

l'Indien •	• une case
l'Esquimau •	• un tipi
l'Africain •	• un igloo
l'Européen •	• un appartement

À la découverte du monde (2)

Le 20 mars sous un palmier

Ma Sophie,

Je suis désolé de t'avoir laissé sans nouvelles si longtemps, mais pendant des semaines, on n'a vu que de l'eau. J'adore la mer quand elle est calme.
Je couche dans un hamac et je grimpe dans les mâts, au milieu des voiles !
J'ai vu un bébé baleine qui est monté à la surface et a envoyé un énorme jet d'eau - à côté, celui du square est un pipi d'oiseau !
J'ai vu aussi des dauphins. Ils sautent autour du bateau et font la course. Ils ont un peu le même rire que Joanna et toi.

Grosses bises de Félix, le marin qui t'aime.

Encore des lettres de mon lapin, Annette Langen et Constanza Droop, adaptation française de M.-A. Guillaume, © éd. La Colonie des Griffons, Abbeville.

Découvre le texte

1. Entoure la bonne réponse. Félix écrit la lettre :

au Pôle Nord - sur un bateau - sous un palmier

2. Dessine les animaux rencontrés par Félix durant son voyage en mer. Écris leur nom.

....

Retiens les informations

Coche la bonne réponse.

1. Félix n'a pas pu écrire avant car :
- ❒ il s'était cassé le bras.
- ❒ il était perdu dans la jungle.
- ❒ il était en pleine mer.

2. Sur le bateau, Félix dort :
- ❒ dans une couchette.
- ❒ dans un hamac.
- ❒ dans un lit à barreaux.

3. Félix voyage sur un bateau :
- ❒ à vapeur.
- ❒ à voiles.
- ❒ à moteur.

4. Le rire des dauphins ressemble à celui :
- ❒ de Sophie et Johanna.
- ❒ de Félix et Sophie.
- ❒ de la maîtresse.

Au-delà du texte

1. Colorie les animaux qui vivent dans la mer.

2. Pour comprendre le message que ce dauphin adresse à Félix, remets la phrase dans l'ordre.

....

Langage secret des drapeaux

LES MARINS BRANDISSENT LES DRAPEAUX SUIVANTS DONT CHACUN CORRESPOND À UNE LETTRE DE L'ALPHABET.

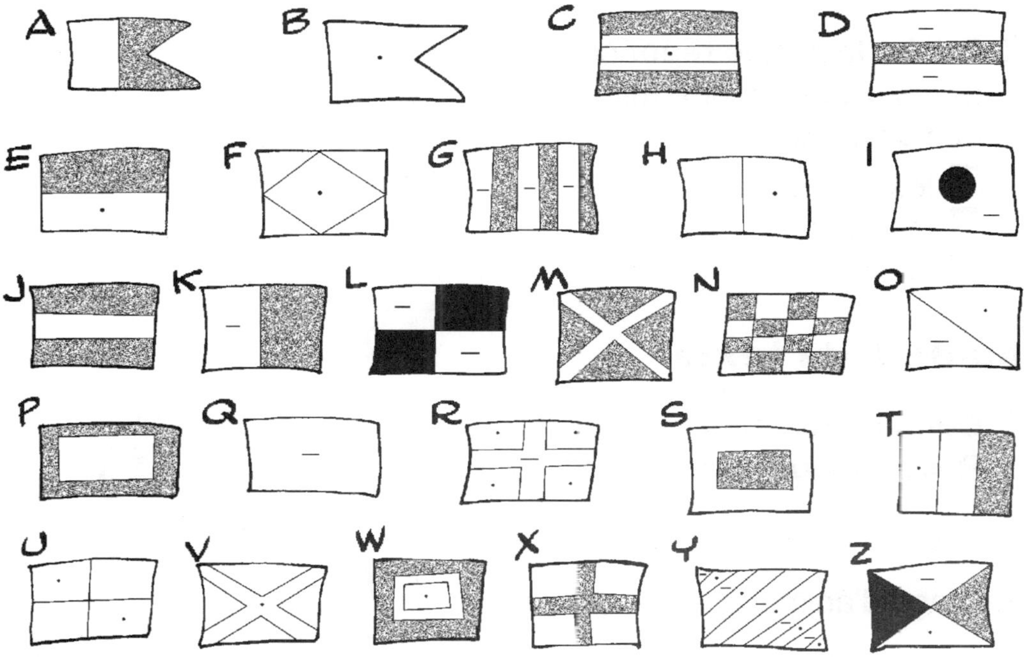

D'après *Encore des lettres de mon lapin*, Annette Langen et Constanza Droop, adaptation française de M.-A. Guillaume, © éd. La Colonie des Griffons, Abbeville.

Découvre ces drapeaux

1. Termine ces drapeaux en coloriant en rouge les parties où il y a un petit point, en jaune les parties où il y a un petit trait.

2. Dessine les drapeaux qui correspondent à ce message : Pirate

fiche n°15
Les voyages

Retiens les informations

1. Réponds par oui **ou** non.

Ces drapeaux représentent des pays. …………

Cette manière de communiquer est rapide. …………

2. Coche la bonne réponse.

Les personnes qui utilisent ces drapeaux sont :

- ❐ les Martiens.
- ❐ les aviateurs.
- ❐ les marins.

Il y a :

- ❐ 22 drapeaux.
- ❐ 26 drapeaux.
- ❐ 365 drapeaux.
- ❐ 24 drapeaux.

Au-delà du texte

1. Connais-tu ces symboles ?
Relie chaque dessin à sa signification.

Danger de mort •

Passage d'animaux sauvages •

Interdiction de nourrir les animaux •

2. Les Indiens utilisent la fumée, les muets utilisent le langage des signes, les aveugles lisent en braille et les Égyptiens utilisaient les hiéroglyphes. Relie comme il convient.

Aveugles • Égyptiens • Muets • Indiens •

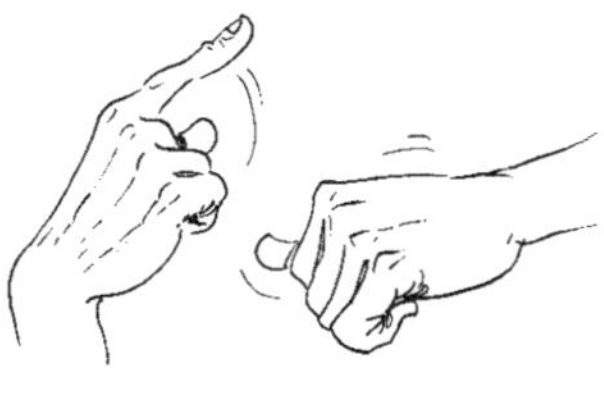

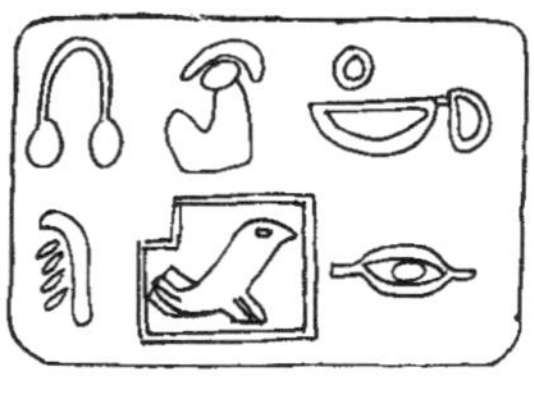

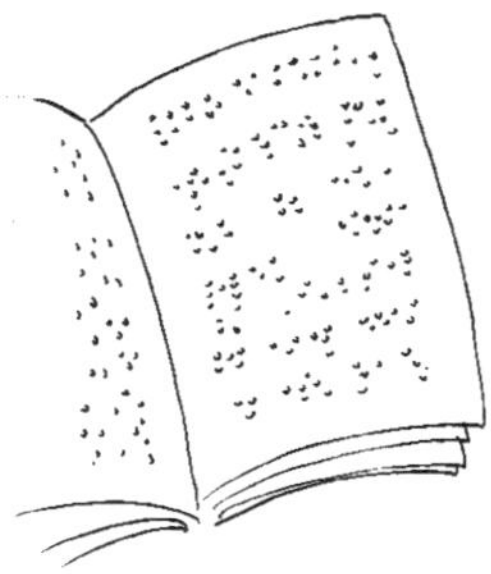

L'avalanche (1)

Les deux garçons étaient sur le chemin du retour quand Hans s'écria :
– Regarde, là-bas ! Ils sont fous, ces deux skieurs ! En plein sur une pente à pic ! Tu les vois, Martin ?
Tout se joua à une vitesse incroyable. Dans un grondement de tonnerre, la pente se mit en mouvement, la surface lisse de la neige se transforma en un chaos et bascula dans la vallée. Hans et Martin crurent que les deux skieurs auraient le temps de fuir, mais l'avalanche les rattrapa bientôt. Le premier disparut, englouti par la masse neigeuse et quelques secondes après, ce fut le tour du second. Les garçons virent un bâton surnager quelques instants avant d'être happé lui aussi. (...)
– Tu as vu comment ils ont été engloutis tous les deux ! s'écria Martin. C'est terrible !
– Oui, dit Hans. Reste ici, et ne perds pas l'endroit des yeux. Je fonce à la maison. Mon père appellera le Secours en montagne.

Découvre le texte

1. Réponds par V (vrai) ou F (faux).

L'histoire se passe en montagne. ... – Hans et Martin sont pris dans une avalanche. ... – Les garçons ont vu un bonnet surnager quelques instants. ... – Hans va chercher du secours. ...

2. Fais une flèche à l'endroit où a lieu l'avalanche.

fiche n°16

La montagne

Retiens les informations

Coche la bonne réponse.

1. Les skieurs ont provoqué l'avalanche car :
- ☐ ils skient trop vite.
- ☐ ils descendent la pente.
- ☐ ils ont oublié leurs bâtons.

2. Lorsque l'avalanche se déclenche, cela fait un bruit :
- ☐ d'orage.
- ☐ de pluie.
- ☐ de tonnerre.

3. Martin dit que les skieurs ont été :
- ☐ engloutis.
- ☐ secoués.
- ☐ frappés.

4. La personne qui appellera les secours en montagne est :
- ☐ l'oncle de Hans.
- ☐ le voisin de Hans.
- ☐ le père de Hans.

Au-delà du texte

1. Entoure les conseils à suivre en montagne.

– Skier tout seul.

– Prévenir avant son départ du lieu où l'on skie.

– Porter un bonnet de bain.

– Rester sur les pistes.

2. Entoure en rouge le matériel du skieur, en vert celui de l'alpiniste.

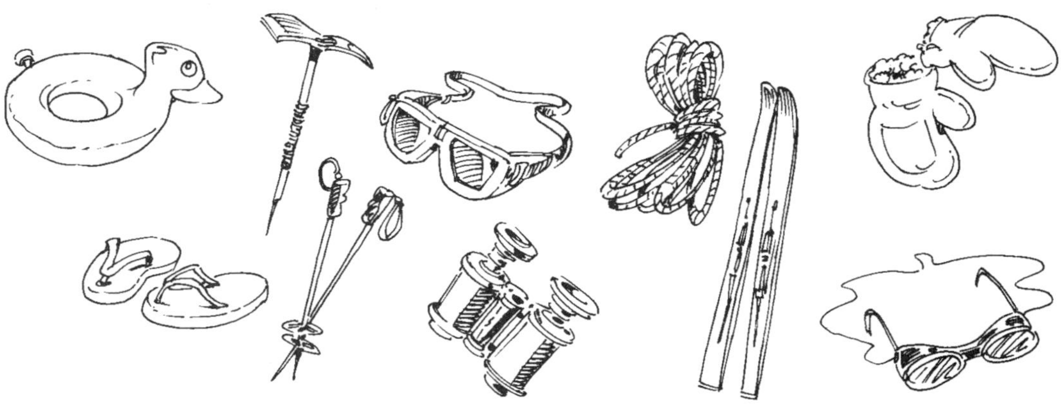

L'avalanche (2)

Les sauveteurs sont arrivés sur les lieux en vingt minutes.

Martin descendit de l'hélicoptère et rejoignit Hans et les sauveteurs qui avançaient épaule contre épaule. Tous les dix centimètres, ils enfonçaient leurs perches dans la neige. Le gendarme encourageait son chien :

– Cherche ! Cherche !

Plein de bonne volonté, l'animal flairait, le museau plaqué contre la neige glacée. Mais il perdait rapidement l'odorat.

Au bout de dix minutes, il fallut le remplacer par un autre. Les sauveteurs avançaient à sa suite et sondaient à chaque pas. Aucun d'eux ne pensait au danger qu'ils couraient si une nouvelle avalanche se produisait. Ils n'avaient qu'une seule préoccupation : deux hommes étaient ensevelis sous la neige et leur sort dépendait d'eux.

D'après Swend Otto, *L'avalanche*, Selection du Père Castor Flammarion

Découvre le texte

1. Entoure le mot « neige » dans le texte.

Combien de fois est-il écrit ? ....

2. Entoure les trois mots qui ont été changés.

Plein de bonne volonté, l'animal mangeait, le museau plaqué contre la neige brûlante. Mais il perdait rapidement l'appétit.

fiche n°17
La montagne

✎ Retiens les informations

Barre les mauvaises réponses.

1. Pour se faire aider dans leurs recherches, les sauveteurs utilisent :
- un avion.
- des raquettes.
- des longues perches.

2. Ils marchent :
- en se donnant la main.
- épaule contre épaule.
- les uns derrière les autres.

3. Les sauveteurs sont :
- fatigués.
- énervés.
- courageux.

4. Au bout d'un moment, les sauveteurs :
- abandonnent les recherches.
- continuent leur recherche.
- déclenchent une avalanche.

✎ Au-delà du texte

1. Mots croisés.

1. Il est utilisé pour survoler la montagne.

2. Les sauveteurs l'enfoncent dans la neige.

3. Il possède un excellent flair.

4. Plaque de neige qui se détache de la montagne.

2. À ton avis, comment se termine l'histoire ? Écris une phrase.

....

La montagne

Les Jeux olympiques

Repasse au feutre :

- **bleu** l'anneau en haut à gauche ;
- **noir** celui au centre ;
- **rouge** celui en haut à droite ;
- **jaune** l'anneau en bas à gauche ;
- **vert** le dernier en bas à droite.

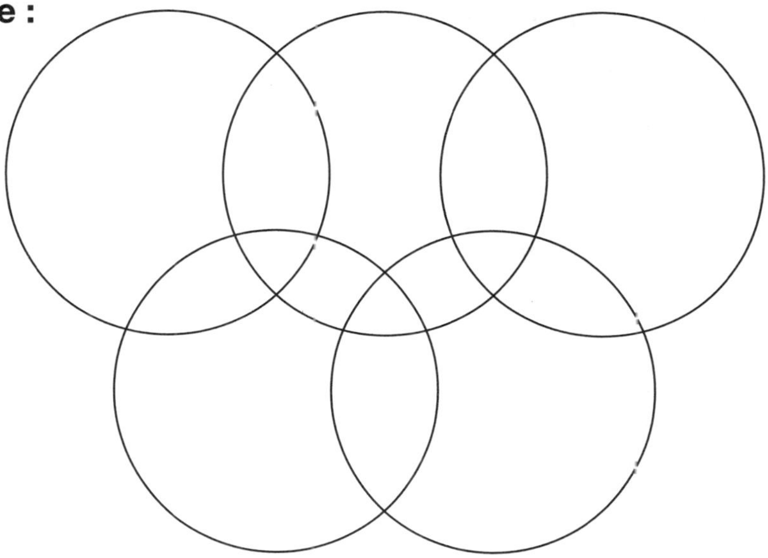

Découvre le document

Écris sous chaque pictogramme les mots qui conviennent.

hockey sur glace, saut, patinage artistique, ski de fond, slalom.

a ....

b ....

c ....

d ....

e ....

fiche n°18

La montagne

Retiens les informations

1. Entoure dans cette liste tous les sports qui peuvent se pratiquer au Jeux Olympiques d'hiver.

la luge - le ski nautique - le patinage artistique - le ski de fond - la planche à voile - le surf des neiges - la course à pied - le 100 mètres brasse - le slalom géant - le saut.

2. Parmi ces dessins, trouve celui qui représente les Jeux olympiques. Barre les autres.

a

b

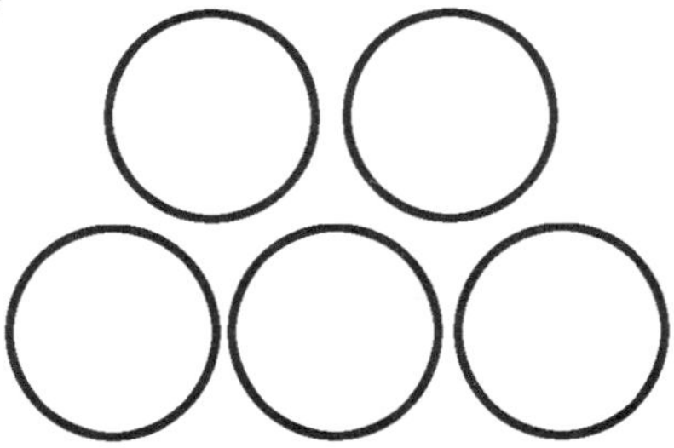

c

Au-delà du texte

Coche la bonne réponse.

1. ❑ Aux jeux olympiques, on allume une lumière.
   ❑ Aux jeux olympiques, on allume une bougie.
   ❑ Aux jeux olympiques, on allume une flamme.

2. ❑ La ville de Bordeaux a accueilli les Jeux olympiques d'hiver.
   ❑ La ville d'Albertville a accueilli les Jeux olympiques d'hiver.
   ❑ La ville de Marseille a accueilli les Jeux olympiques d'hiver.

3. ❑ Le vainqueur d'une course reçoit une médaille de bronze.
   ❑ Le vainqueur d'une course reçoit une médaille d'argent.
   ❑ Le vainqueur d'une course reçoit une médaille d'or.

Le bal costumé (1)

La jeune loutre, Fanfreluche, s'habille : parée de fleurs et de raphia, elle est devenue une charmante Tahitienne ! Elle est enchantée. Elle saute de joie et complimente sa grand-mère :
– Bonne-maman, tu es une vraie magicienne ! J'espère que nous gagnerons le premier prix !
Elles se rendent ensemble au Grand Hôtel des Flots Bleus, où a lieu le concours.
Au fond du salon se dresse une estrade, sur laquelle se tiennent déjà les membres du jury : l'élégante Mademoiselle Mouette, la propriétaire de l'hôtel; la bonne Madame Morse, l'épouse du professeur de natation; et enfin Madame Poule, la généreuse pâtissière de Bigorneau-sur-mer, qui offre non seulement le prix du concours (une boîte de sucettes), mais aussi le goûter de fête.
Commence alors le défilé des concurrents : voici le chat, costumé en maharadjah, et la souris déguisée en Petit Chaperon rouge ; et voilà notre Tahitienne, escortée d'un brillant arlequin et d'un farouche pirate ! (...) Il est suivi par la lapine, une superbe fée, vêtue d'une robe en taffetas.

Découvre le texte

Réponds par les mots qui conviennent.

1. Quel est le nom de l'hôtel où a lieu le concours ? ....

2. Combien de personnages défilent sur l'estrade ? ....

3. Quelle est la récompense pour le concours ? ....

Les déguisements

✎ Retiens les informations

1. Entoure les personnages déguisés du texte.

2. Dans cette liste, souligne les accessoires du Chaperon rouge.

un foulard de pirate, un panier, un pot de beurre,

un collier de fleurs, une guitare, des antennes, un chaperon.

✎ Au-delà du texte

1. Colorie tous les noms de déguisements.

2. Lis les mots. Fais une flèche vers l'accessoire qui convient.

collier de fleurs

tricorne

épaulettes

médailles

chausses

pagne

sandalettes

fiche n°20 Les déguisements

Le bal costumé (2)

Désormais le jury délibère... Les trois dames chuchotent à qui mieux mieux, papotent et complotent longuement.
La discussion est interminable.
Madame Poule, enfin, se lève, s'avance au bord de l'estrade et proclame le résultat :
– Premier prix : la Lapine-Fée !
La petite Loutre, désolée pour sa grand-mère se jette dans ses bras en affirmant :
– Ton costume est le plus beau !
La délicate petite Fanfreluche n'est pas du tout jalouse ; elle n'est pas triste pour elle, vous comprenez, mais pour sa bonne-maman, qui a inventé un déguisement si nouveau et l'a réalisé avec tellement de goût, de talent et de fantaisie...
Elle a du mal à retenir ses larmes.
Cependant, relayant Madame Poule, la Mouette continue la lecture du palmarès :
– Premier prix ex aequo : la Loutre-Tahitienne !
Quelle surprise ! Et quelle joie !
En trois bonds, la petite Loutre grimpe sur l'estrade et reçoit sa récompense avec un grand sourire. Elle brandit fièrement sa médaille en direction de sa grand-mère.

D'après Anne-Marie Dalmais, *Le bal costumé*, coll. « Petite Pomme »,

✎ Découvre le texte

Numérote les étapes dans l'ordre de l'histoire.

Elle grimpe sur l'estrade.

Les dames chuchotent.

Elle brandit sa médaille.

fiche n°20

Les déguisements

Retiens les informations

Coche la bonne réponse.

1. Les trois dames :

- ❐ tricotent.
- ❐ barbotent.
- ❐ complotent.

2. Qui se lève pour proclamer le résultat ?

- ❐ la petite Loutre.
- ❐ Madame Poule.
- ❐ la grand-mère.

3. Le premier prix est remporté par :

- ❐ la Souris-fée.
- ❐ la Lapine-fée.
- ❐ la Fée carabosse.

4. En trois bonds, la loutre :

- ❐ descend sous l'estrade.
- ❐ s'empare du paquet de sucettes.
- ❐ grimpe sur l'estrade.

Au-delà du texte

Et toi comment réagis tu face aux événements?
Relie chaque phrase à la tête que tu ferais.

Tu as perdu le stylo que t'a donné ton grand-père. •

Tu as perdu une dent, tu trouves un cadeau sous ton oreiller. •

Tu n'es pas arrivé le premier à la course. •

Maman t'offre une place pour aller au cirque. •

Ton déguisement s'est déchiré. •

Tu vois passer dans le ciel un dragon rose. •

Les déguisements

vacances FEVRIER

CARNAVAL EN FÊTE
MARDI GRAS EN TÊTE !
MASQUES, LOUPS,
GRIMAGES ET
COSTUMES...
PRÉPAREZ-VOUS !

INFOVILLE

ATELIERS DEGUISEMENT :
masques, costumes, instruments de musique, de 6 à 12 ans.
Du 14 février au 1er mars, atelier de 10 h à midi : 50 F.
Maison des jeunes.

EXPO MASQUES :
Tout public, jusqu'au 1er mars de 11 h à 18 h. Entrée 20 F.
Centre culturel.

CARNAVALERIE :
spectacle, défilé et bal musette, dès 5 ans, 1er mars à 15 h, entrée 10 F, Guinguette des Pirates.

Découvre le texte

1. Où peux-tu aller pour prendre des idées de masques ?

....

2. Combien coûte l'atelier de confection des costumes ?

....

3. Quand aura lieu le bal du carnaval ?

....

4. Combien coûte le spectacle du 1er mars ?

....

Les déguisements

✎ Retiens les informations

Coche les bonnes réponses.

1. Cet article est écrit en :

❒ juin.
❒ février.
❒ décembre.

2. On prépare la fête :

❒ de la mi-carême.
❒ du printemps.
❒ du carnaval.
❒ de mardi gras.

3. L'atelier de déguisements est ouvert :

❒ le 14 février uniquement.
❒ pendant tout le mois de février.
❒ du 14 février au 1er mars.

4. Si tu as 30 F, tu pourras :

❒ aller voir l'exposition de masques.
❒ participer à l'atelier de déguisements.

✎ Au-delà du texte

1. Associie chaque fête à un mois de l'année.

Noël •	• juillet
La fête nationale •	• décembre
Le carnaval •	• février
Le jour de l'an •	• janvier

**2. Entoure les bonnes réponses.
En quelles occasions se déguise t-on ?**

pour Halloween

pour un mariage

pour le carnaval

pour un goûter d'anniversaire

pour la fête de l'école

pour une course de vélo

pour un bal costumé

pour admirer un défilé militaire

Test d'évaluation n°2

La légende de la tente magique

Inyan descendit d'un pas ferme vers la vallée, puis s'enfonça dans la forêt touffue. Il marcha longtemps, sans hésiter ni ralentir, comme si son chemin était tracé. Il ne s'arrêtait que pour bander son arc et décocher une flèche à une perdrix ou un lapin, rien que du petit gibier car il ne voulait pas trop se charger. **58 mots**
Le soir tombait lorsqu'il vit, entre les arbres, s'élever vers le ciel un mince filet de fumée blanche.
Il pressa le pas et déboucha bientôt dans une clairière où se dressait un tipi solitaire. **93 mots**
À quelque distance, une très vieille femme était assise auprès du feu. De loin pour gagner sa confiance, il lui montra son gibier.
Elle lui fit signe d'approcher. Qu'elle était laide ! (...)
« Soit le bienvenu, mon feu est à toi. »
Inyan fit rôtir le gibier. Puis ils mangèrent en silence sous le ciel étoilé. **147 mots**

D'après *Contes et légendes Indien d'Amérique*,
Adaptation Michel Maniere, Édition Georges NAEF.

✎ As-tu bien compris ?

Parmi les trois réponses, coche celle qui correspond au texte.

1. Le jeune Indien s'appelle :

☐ Yvan.
☐ Yran.
☐ Inyan.

2. La forêt était :

☐ moussue.
☐ touffue.
☐ verte.

3. Le jeune Indien marchait :

❒ rapidement.
❒ lentement.
❒ en hésitant.

4. Inyan chasse avec :

❒ un lance pierre.
❒ un fusil.
❒ un arc.

5. Il tire sur :

❒ une biche et un sanglier.
❒ une perdrix et un lapin.
❒ un renard et un aigle.

6. Il marcha jusqu'à ce que :

❒ le soleil tombe.
❒ l'orage gronde.
❒ le soleil se lève.

7. Il aperçoit entre les arbres :

❒ une grande lumière rouge.
❒ un beau feu de bois.
❒ un mince filet de fumée blanche.

8. Dans la clairière il y a :

❒ trois tipis.
❒ une dizaine de tipis.
❒ un seul tipi.

9. La vieille femme était :

❒ couchée près du feu.
❒ debout près du feu.
❒ assise près du feu.

10. Les deux personnages mangèrent :

❒ en bavardant.
❒ en silence.
❒ en se disputant.

10

Pincemi, Pincemoi et la sorcière (1)

Il y avait une horrible sorcière qui passait son temps à manger les petits enfants. Elle les faisait cuire dans une grande marmite avec du thym, du laurier, des petits légumes, une cuillère de vin blanc, un jaune d'œuf, une cuillère de moutarde, un peu de crème fleurette et une pincée de cannelle. Une fois par an, elle venait à la sortie de l'école avec son grand panier à provisions et elle en emportait quatre, cinq, douze ou vingt-deux selon la saison. (…) Comme elle habitait loin, loin au bout de la rivière, derrière les montagnes, par-delà les précipices, il était impossible de la poursuivre et les parents s'arrachaient les cheveux. Finalement, il arriva un jour où les parents décidèrent de ne plus envoyer leurs enfants à l'école à cause de la sorcière.
Et comme ils n'allaient plus à l'école, les enfants qui n'apprenaient plus rien devinrent mal élevés. Au lieu de réciter de belles leçons, des tables ou des règles de grammaire, ils se mirent à inventer des sottises et des gros mots, à chanter des refrains débiles et à raconter des blagues stupides. La vie devint infernale pour les parents.

✎ Découvre le texte

1. Barre les ingrédients que la sorcière n'utilise pas.

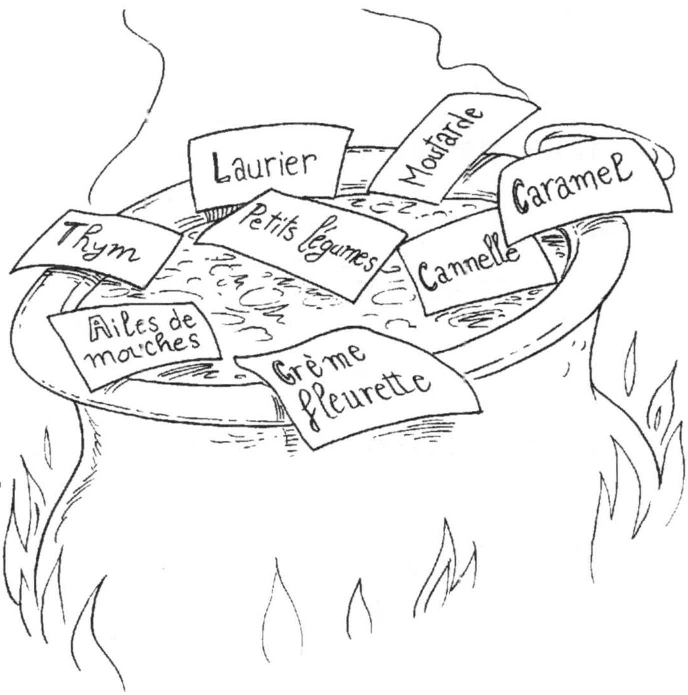

2. Coche la bonne réponse. La sorcière habite loin.

❐ au bout de la rue.
❐ au bout du monde.
❐ au bout de la rivière.

Les sorcières

Retiens les informations

1. Pourquoi les parents n'envoient-ils plus leurs enfants à l'école ?

....

Qu'inventent les enfants au lieu de réciter de belles leçons ?

....

2. Coche la bonne réponse.

a. La sorcière venait à la sortie de l'école :

- ❒ avec son caddie.
- ❒ avec son sac à dos.
- ❒ avec son panier à provisions.

b. Les enfants devenaient mal élevés parce :

- ❒ qu'ils allaient à l'école de la sorcière.
- ❒ qu'ils n'allaient plus à l'école.
- ❒ que leurs parents leur apprenaient des gros mots.

Au-delà du texte

Colorie le dessin qui illustre ces phrases :

1. Les parents s'arrachaient les cheveux.

2. La vie devint infernale pour les parents.

Pincemi, Pincemoi et la sorcière (2)

Deux enfants étaient particulièrement affreux, c'étaient Pincemi, le garçon, et Pincemoi sa sœur. Il n'y avait pas de sottise au monde qu'ils n'aient pas inventée. Pour vous donner une idée, Pincemi et Pincemoi passaient leur temps à se dire des choses comme :
– Quel est le comble du coiffeur ?
– C'est de raser les murs.
Où à chanter comme ceci :
– À la claire fontaine m'en allant promener, j'ai trouvé l'eau si claire que je m'y suis mouché...
Voilà ce qu'ils disaient Pincemi et Pincemoi, du matin au soir, et leurs parents avaient la tête comme une montgolfière.
Finalement au bout d'un an et un jour, ils décidèrent de renvoyer Pincemi et Pincemoi à l'école.
– Et tant mieux si la sorcière les enlève, ajoutèrent-ils, nous serons bien tranquilles.
Pincemi et Pincemoi firent donc une grande toilette, enfilèrent des blouses neuves, prirent leur cartable neuf qu'ils remplirent de farces et attrapes et s'en allèrent d'un bon pas.
La sorcière qui traînait devant l'école comme une malheureuse depuis des jours, des semaines et des mois, la sorcière donc, empoigna aussitôt les deux enfants et les mit dans son couffin.

D'après Henriette Bichonnier, *Pincemi Pincemoi et la sorcière*, © éd.Gallimard.

Découvre le texte

Cache l'histoire, puis retrouve sans regarder, les mots qui manquent dans le texte suivant.

Deux enfants étaient particulièrement affreux, c'étaient Pincemi, le garçon, et Pincemoi sa .... Il n'y avait pas de sottise au monde qu'ils n'aient pas inventée. Pour vous donner une idée, Pincemi et Pincemoi passaient leur .... à se dire des choses comme :
– Quel est le comble du coiffeur ?
– C'est de raser les ....

fiche n°23

Les sorcières

✎ Retiens les informations

1. Entoure tous les mots que tu as lus dans le texte. (Il y en a six.)

enfants	sales	cireur	parents	forêt
sorcière	citrouille	école	montgolfière	cartables

2. Colorie le matériel qu'utilisent les enfants de l'histoire pour aller à l'école.

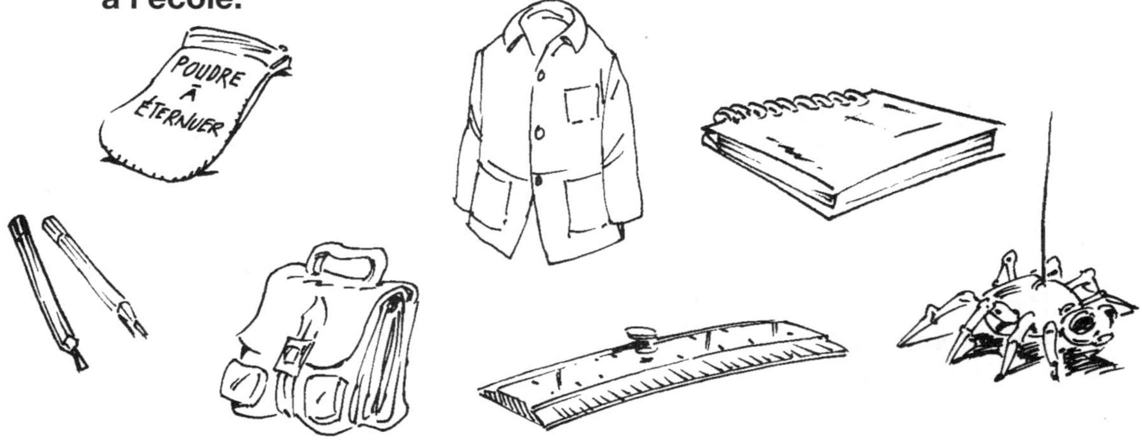

✎ Au-delà du texte

1. Entoure les mots qui conviennent à cette histoire.
Cette histoire est :

drôle	dégoûtante
triste	stupide
vraie	inventée

2. Raconte en une phrase une bêtise que tu as faite. Dessine-la.

....

Formules magiques

1. Pour décider l'autre à faire la paix après une grosse dispute.
« Écoute, choucroute, mouchitupa moucha ? rabibochi oui ou rabibochi pas ? Questche que tu dirais de cha ? »

2. Pour faire sortir les cornes à un escargot.
Lui dire : « Escargot malencorniché, désencorniche-toi, rapidi-rapido sinon je te désencornicherai presti-presto vrai de vrai ! »

3. Pour changer les épinards en brioches.
Les fixer, en leur disant :
« Épinards verdoches pépère bananar épinarcho épinardoche vive les brioches ! »

D'après Anne-Marie Chapouton,
Grimoire, formules magiques à l'usage des enfants, L'école des loisirs.

Découvre le texte

1. Colorie en rouge la touche du clavier qui te permet de changer les épinards en brioches.

2. Colorie en vert la touche du clavier qui te permet de faire la paix après une dispute.

3. Écris le numéro de la formule qui correspond à cette touche :

....

fiche n°24

Les sorcières

Retiens les informations

Coche la bonne réponse.

1. On appelle ces phrases :

❒ des phrases magiques.
❒ des tournures magiques.
❒ des formules magiques.

2. Pour changer les épinards en brioches, il faut :

❒ les fixer.
❒ les manger.
❒ les jeter.

3. Tu dis « Écoute, choucroute... » pour :

❒ changer les épinards.
❒ faire la paix.
❒ faire sortir les cornes.

4. Les épinards sont :

❒ verdoches.
❒ verdâtres.
❒ verdures.

Au-delà du texte

1. Relie chaque souhait à sa formule magique.

avoir assez d'argent pour acheter trois carambars.	amiga, amigo, partagi secreto, amiga, amigo dis mi tout bas, mon amie.
devenir la copine de Noémie.	cling, cling, clang, dans la poche les piècettes deviennent de l'or.

2. Colorie les cases où tu lis un mot de la famille de sorcière.

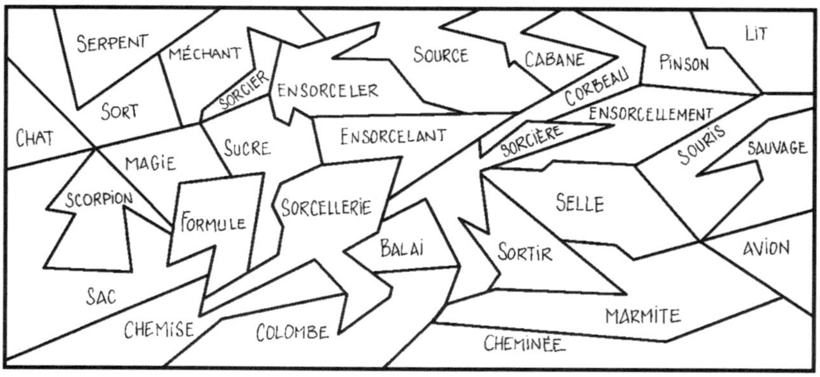

Thomas Aigle Bleu (1)

Je suis né à la lune où les chevaux perdent leur poil rude. J'ai su monter à cheval avant de savoir marcher. Pour mon huitième hiver, mon père, Bras de Fer, m'a offert mon premier cheval. Il était beau et robuste et fier, et dans les premiers temps, lui et moi, nous nous sommes beaucoup affrontés. Je lui ai coloré les flancs avec de la terre pilée de deux tons différents, un ton pour chaque côté, et je l'ai appelé Deux couleurs. Souvent, je lui tressais la queue comme pour une bataille, et j'ornais sa crinière de plumes d'oiseaux. C'était mon meilleur ami. Dans mes rêves, nous devenions invincibles.
Mon père m'a enseigné la bravoure. Il m'a appris qu'il était plus glorieux de toucher l'ennemi ou de lui prendre son cheval que de le tuer. Il m'a aussi appris à tirer à l'arc. Très vite j'ai su atteindre des cibles lointaines tout en galopant sur Deux couleurs. (...)
Nous étions le peuple du bison. Nous lui devions presque tout : nos tipis, nos vêtements, nos outils, nos boucliers, la corde de nos arcs, notre fil à coudre, les patins de nos traîneaux pour l'hiver et la viande pour nous nourrir. Nous vivions côte à côte avec lui.

Découvre le texte

1. Colorie le cheval de Thomas Aigle Bleu.

2. Entoure ce que les Indiens doivent aux bisons.

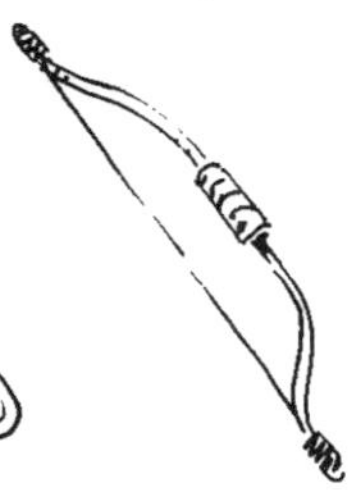

Les Indiens

✎ Retiens les informations

Coche la bonne réponse.

1. Qui raconte l'histoire ?

- ❐ Le cheval de Thomas Aigle Bleu.
- ❐ Le père de Thomas Aigle Bleu.
- ❐ Thomas Aigle Bleu.

2. Que fait Thomas Aigle Bleu pour préparer son cheval comme pour une bataille ?

- ❐ Il le couvre d'une peau de bison.
- ❐ Il lui tresse la queue.
- ❐ Il le peint en jaune.

3. À quel âge Thomas Aigle bleu a t-il eu son premier cheval ?

- ❐ À son septième anniversaire.
- ❐ Avant de savoir marcher.
- ❐ À huit ans.

✎ Au-delà du texte

1. Barre tous les mots qui ne concernent pas les Indiens.

casier	chèvre	fusil
maisonnette	poule	arc
tipi	léopard	massue
cabane	bison	épée

2. Parmi ces noms, un seul est un nom d'Indien. Entoure-le.

Fuji Yama

Michaelangelo

Racine de Cocotier

Vent qui court

Diabolo menthe

fiche n°26
Les Indiens

Thomas Aigle Bleu (2)

Un soir, alors que la plupart de nos hommes étaient en expédition, je m'étais écarté du camp avec mon cheval lorsque j'entendis un bruit. Vite, je mis pied à terre et me faufilais derrière les arbres.
C'était un petit groupe de nos ennemis, les Crows, avec leurs cheveux dressés sur le crâne, qui s'apprêtaient à attaquer notre camp.
Soudain je les vis enfourcher leurs montures et galoper droit vers notre camp. Je ne pus rien faire d'autre que de me dissimuler entre deux troncs, retenant mon souffle. Ils chargeaient au grand galop, pareils aux esprits de l'orage, et je m'élançais à leur suite.
Le temps de rejoindre le camp, et déjà ils lacéraient nos tipis, en poussant leurs cris de guerre. (…)
Pris d'angoisse pour les miens, le cœur lourd de chagrin, je me coulais dans un arbre creux et m'y blottis sans bruit. (…)
Au bout d'un long moment, le silence revint et l'arbre me fit parvenir un rêve : un ours qui dansait et chantait, deux aigles qui se battaient.
Et tout à coup, à mon tour, je me vis devenir un aigle, avec de grandes plumes bleues aux ailes, et m'envoler vers le ciel.

D'après *Thomas Aigle Bleu*, Gay Matthaei et Jewel Grutman,
Père castor Flammarion pour la traduction française.

Découvre le texte

Barre ce qui est faux

Les Crows sont des amis.

Les Crows attaquent le camp de Thomas Aigle Bleu.

Thomas Aigle Bleu se cache dans le creux d'un arbre.

Les Crows enlèvent les petits enfants.

Thomas Aigle Bleu se bat.

Thomas Aigle Bleu fait un rêve.

Les Indiens

Retiens les informations

Coche la bonne réponse.

1. Thomas était parti :

❐ avec la tribu.
❐ avec les Crows.
❐ tout seul.

2. Thomas :

❐ se bat.
❐ se cache.
❐ appelle au secours.

3. Thomas :

❐ tue un ours et deux aigles.
❐ voit un ours et deux aigles.
❐ rêve d'un ours et de deux aigles.

Au-delà du texte

1. Écris sous chaque dessin le nom des Indiens.

Les <u>Crows</u> ont des cheveux dressés sur le crâne.
Les <u>Cheyennes</u> pratiquent l'agriculture.
Les <u>Sioux</u> sont de farouches guerriers.

les........................

les........................

les........................

2. Écris tous les mots qui veulent dire la même chose.

a. cheval - corne - cavalier - monture - montage

....

b. souffle - restauration - respiration - haleine - écoute

....

Buffalo Grill

D'après le menu de Buffalo Grill, Partez à la découverte de l'Amérique, © Buffalo Grill.

✎ Découvre le texte

1. Réponds par V **(vrai) ou** F **(faux).**

Ton cousin a 18 ans, il peut prendre ce menu. ....

Tu peux choisir ce menu. ....

Ton père peut prendre ce menu. ....

2. Colorie les desserts que tu peux choisir dans ce restaurant.

une barbe à papa

des profiteroles

une mousse au chocolat

une glace à 3 boules

une glace à 1 boule

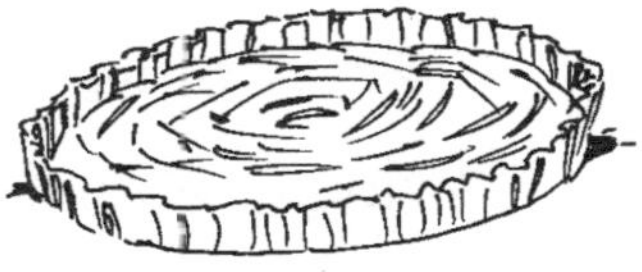
une tarte aux pommes

Les Indiens

Retiens les informations

Coche la bonne réponse.

1. Ce menu est un menu :
- ☐ pour les adultes.
- ☐ pour les adolescents.
- ☐ pour les enfants.

2. Le menu propose :
- ☐ 2 desserts.
- ☐ 3 desserts.
- ☐ 1 dessert.

3. Quelle activité propose ce restaurant ?
- ☐ Fêter Halloween.
- ☐ Fêter ton anniversaire.
- ☐ Fêter Noël.

4. Le menu propose :
- ☐ du Coca Cola.
- ☐ un jus de fruit.
- ☐ aucune boisson.

Au-delà du texte

1. Entoure et colorie les plats que mangent les Indiens.

steak de bison

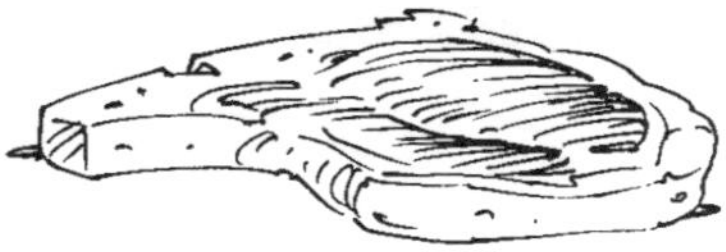

glace à la banane

myrtilles

crêpe au maïs

poisson

2. Dans ce dialogue, barre les trois erreurs.

– Bonjour Monsieur, vous désirez déjeuner ?

– Oui, au revoir ! Je souhaiterais prendre en entrée une assiette de crudités. Comme plat, le ragoût de cafards, du camembert et comme dessert, que proposez-vous ?

– Nous avons des plumes au chocolat ou de la tarte aux pommes.

– Je prendrai les profiteroles au chocolat.

Les petits mégots (1)

Voici une histoire vraie, qui t'explique la vie de certains enfants au Caire en Égypte : on appelle ces enfants les petits mégots, *car ils ramassent les restes de cigarettes (ou mégots de cigarettes) pour revendre le tabac.*

Le jour se lève au Caire, et dans les rues désertes il fait frais, presque froid. Sur les marches de l'opéra, les petits ramasseurs de mégots dorment encore, serrés les uns contre les autres.
Le camion des balayeurs s'arrête sur la place. Le bruit réveille Ahmed, qui s'étire et se dégourdit les jambes avant de secouer ses compagnons :
– Allez debout ! C'est l'heure de partir !
Ils sont vite levés. Chacun récupère sa boîte de conserve rouillée et ils s'éparpillent en bandes de quatre ou cinq dans les rues de la ville.
Ahmed, Sélim et Abdo marchent à grands pas. Le petit Gamal trottine derrière eux aussi vite qu'il peut.
– J'ai faim, dit Sélim.
Abdo murmure de sa voix douce :
– On ne va pas faire les poubelles ! Ça fait deux jours qu'ils ne les ont pas ramassées. C'est dégoûtant.
– Essayons la rue du marché (...)
– D'accord, dit Ahmed. On y va !
Ils courent. Ils se faufilent entre les tréteaux de fruits et de légumes. Une odeur les attire, une bonne odeur de crêpes arrosées de miel. Mine de rien, ils s'approchent de l'étalage, mais la grosse vendeuse les repère tout de suite.
– Ah non, encore vous, les petits mégots ! Hier déjà vous m'avez volé deux crêpes ! Pour manger il faut payer !

Les enfants du monde

✎ Découvre le texte

Écris les noms des quatre enfants de l'histoire.

....

✎ Retiens les informations

Coche la bonne réponse.

1. Les enfants sont :
- ❐ ramasseurs de poubelles.
- ❐ ramasseurs de chiffons.
- ❐ ramasseurs de mégots.

2. Ils dorment :
- ❐ sur les marches de l'opéra.
- ❐ dans un abri en taule.
- ❐ dans un orphelinat.

3. Ils vont chercher à manger :
- ❐ au supermarché.
- ❐ chez leur grand-mère.
- ❐ au marché.

✎ Au-delà du texte

1. Relie le pays à sa capitale.

Égypte	•	•	Paris
France	•	•	Londres
Grande-Bretagne	•	•	Le Caire

2. Coche les cases correspondant aux activités :

	« les petits mégots »	moi
dormir		
se laver		
déjeuner		
prendre sa boîte de conserve		
prendre son cartable		

Les petits mégots (2)

Abdo proteste timidement :
– On n'était pas là, hier...
– Si ce n'était pas vous, c'étaient vos frères ! Filez où j'appelle les moustachus !
Les moustachus, ce sont les policiers, mais pour l'instant il n'y en a pas un seul dans les parages. Ahmed montre à la vendeuse la petite tête bouclée de Gamal dont les yeux brillent d'envie :
– Et lui ? Tu n'as rien pour lui ?
– Bon, prends une crêpe, petit ! Mais ne reviens plus !
Gamal partage sa crêpe avec les autres. Plus loin, Ahmed et Abdo chipent des dattes. Sélim ramasse des tomates que les marchands ont jetées.
– Ça va ! dit Ahmed. On mangera mieux ce soir, quand on aura vendu notre tabac. Maintenant, il faut travailler. En route !
Gamal s'est arrêté devant la boutique du confiseur, et Sélim le tire par la main :
– Viens ! Ce soir, tu auras des fèves chaudes et un œuf dur. Mais tâche de bien choisir les mégots que tu ramasses !
Le soleil chauffe doucement les belles avenues du centre de la ville. Des passants élégants se promènent sur les trottoirs, tandis que les Petits mégots avancent lentement le long du caniveau. Ici, la récolte est bonne : restes de cigarettes anglaises, turques, américaines…

D'après Nadia, *Les Petits Mégots*, coll. « J'aime lire », © Bayard Poche.

Découvre le texte

Observe ces images et numérote-les dans l'ordre. Colorie Gamal.

2. Colorie tout ce que les enfants trouvent sur le marché.

Retiens les informations

Coche la bonne réponse.

1. Les moustachus sont :

- ❐ des chats.
- ❐ des marchands.
- ❐ des policiers.

2. Les enfants travaillent surtout :

- ❐ dans les jardins publics.
- ❐ dans les belles avenues.
- ❐ sur les marches de l'opéra.

Au-delà du texte

1. Entoure la réponse qui convient.
À ton avis, pourquoi ces enfants travaillent-ils ?

– pour pouvoir manger

– pour gagner de l'argent de poche

– pour s'amuser

2. Relie comme il convient.

le marchand de livres	•	•	le boucher
le marchand de bonbons	•	•	le libraire
le marchand de viande	•	•	le confiseur

fiche n°30
Enfants du monde

Connais-tu le monde ?

Pour chaque question, entoure la lettre correspondant à la bonne réponse.

1. Quel nom donne t-on à notre planète ?

a. la planète verte

b. la planète rouge

c. la planète bleue

2. Chang appartient au peuple le plus nombreux de la terre. De quelle nationalité est-il ?

a. il est français.

b. il est belge.

c. il est chinois.

3. Taï est Japonais. Quel est son aliment principal ?

a. le riz

b. le mil

c. le pain

4. Un enfant français, est-il ?

a. américain

b. européen

c. océanien

5. Sur quel continent est situé l'Égypte ?

a. en Europe

b. en Afrique

c. en Amérique

6. Quel est le nom du grand fleuve qui traverse l'Égypte ?

a. la Seine

b. l'Amazone

c. le Nil

7. Mamadou habite au Cameroun. Comment est le climat de son pays ?

a. chaud

b. froid

c. tempéré

8. Le plus grand désert sur notre planète est

a. le Népal

b. l'Équateur

c. le Sahara

fiche n°30
Les enfants du monde

Vérifie tes réponses.
Note 1 point si ta réponse est juste et 0 si elle est fausse.

	Réponses
Question 1, réponse ⓒ	....
Question 2, réponse ⓒ	....
Question 3, réponse ⓐ	....
Question 4, réponse ⓑ	....
Question 5, réponse ⓑ	....
Question 6, réponse ⓒ	....
Question 7, réponse ⓐ	....
Question 8, réponse ⓒ	....
Inscris ton total :	....

Tu as plus de 6 bonnes réponses.
Bravo! Tu as de bonnes connaissances. Tu as peut-être déjà voyagé, ou alors tu es un géographe passionné. Continue, c'est super !

Tu as 6 ou 7 bonnes réponses.
Tu te débrouilles bien, mais parfois tu fais fausse route.
Prends des atlas à la bibliothèque, une boussole et informe -toi.

Tu as moins de 4 bonnes réponses.
Plonge-toi dans l'exploration des livres, des cartes de géographie, tu attraperas peut-être l'envie de conquérir le monde.

Colorie le géographe qui te correspond.

6 à 8 bonnes réponses

4 à 5 bonnes réponses

moins de 4 bonnes réponses

La merlette et le renard (1)

Il y avait une fois une merlette qui avait bâti son nid au bord d'un ruisseau, au cœur d'un hallier[1] touffu.
Là grandissaient quatre petits merles, sains[2] et gaillards.
Nuit et jour, la merlette pensait :
– Encore quelques jours, et mes petits merles auront déniché[3].
Par malheur, le renard vint à passer.
– Bonjour, Renard.
– Bonjour Merlette. On m'a dit que tu avais quatre petits merles beaux comme le jour. Je serais curieux de les voir. Montre-les-moi.
– Non, Renard. Tu me les mangerais !
– Merlette, montre-les-moi. Je te jure que je ne les mangerais pas.
Le renard promit et jura, tant et si bien que la merlette finit par le croire.
– Eh bien, Renard, voici mes quatre petits merles. Regarde comme ils sont sains et gaillards.
Mais ce vilain renard, oubliant sa promesse, se jeta sur les pauvres oisillons. Pendant qu'il les mangeait, la merlette chantait à la cime d'un arbre :
– Mange, Renard, mange, mon ami. Je souhaite que ce repas te profite. Mange, mon ami.
Mais on ne chante pas toujours comme on pense. La merlette pensait :
– Pauvres, pauvres petits merles ! Gueux[4] de renard ! Je suis trop faible pour me battre contre toi. Mais patience ! Je saurais bien me venger !
La merlette prit sa volée jusqu'au pré. Là dormait à l'ombre d'un arbre un gros chien, leste[5] et hardi[6] comme pas un.

1. *hallier* : un groupe de buissons. **2.** *sains* : en bonne santé. **3.** *déniché* : quitté le nid. **4.** *gueux* : coquin. **5.** *leste* : vif, rapide. **6.** *hardi* : qui n'avait pas peur du danger.

fiche n°31

Le renard

Découvre le texte

1. **Relis le texte en remplaçant les mots soulignés par la définition proposée. Aide-toi des chiffres.**

2. **Relie chaque nom d'animal à l'adjectif qui lui correspond.**

la merlette	•	•	vilain
le renard	•	•	hardi
le chien	•	•	faible

Retiens les informations

1. **Coche la bonne réponse.**

a. La merlette a :
- ❒ quatre oisillons.
- ❒ trois oisillons.
- ❒ cinq oisillons.

b. Le renard :
- ❒ lèche les oisillons.
- ❒ prend les oisillons.
- ❒ mange les oisillons.

c. Le chien :
- ❒ rongeait un os.
- ❒ dormait.
- ❒ gardait les moutons.

2. **Dessine le renard (orange) et le chien (marron) là où ils se trouvent.**

Au-delà du texte

Entoure ce qui est vrai en réalité.

Les animaux savent parler entre eux.

Les renards mangent des oiseaux.

La merlette est la femelle du merle.

Le renard est un animal rusé.

fiche n°32 Le renard

La merlette et le renard (2)

– Compère Chien, réveille-toi.
– Merlette, tu m'ennuies. Laisse-moi dormir.
– Compère Chien, écoute par pitié. Il faut que tu me venges. Le renard m'a mangé mes quatre petits merles.
– Ça m'est égal.
– Compère Chien, venge-moi, et je te donnerai tout ce que tu voudras. (...)
Le chien se laissa convaincre.
– Écoute : va te coucher dans le pré, le ventre en l'air, la bouche ouverte et les jambes raides. Fais comme si tu étais mort et attends.
Le chien obéit. Alors la merlettte prit sa volée et s'en alla trouver le renard.
– Bonjour, Renard.
– Bonjour, Merlette. Quoi de nouveau ?
– Renard, sois content. Ton ennemi, le chien du pré est mort. Depuis trois jours il est couché, le ventre en l'air, la bouche ouverte et les jambes raides.
– Merlette, tu me fais plaisir. Ah compère, le chien est mort ! Le gueux m'a fait passer plus d'un mauvais quart d'heure. Mais es-tu bien sûre qu'il est mort au moins ?
– Suis-moi et tu verras bien.
Une heure après, le renard et la merlette arrivaient au pré communal. Le chien attendait, faisait le mort, couché le ventre en l'air, la bouche ouverte, les jambes raides.
– Regarde, Renard. Est-ce que je t'ai menti ?
Sans se méfier, le renard s'approcha.
Alors le chien sauta sur lui et l'étrangla.

D'après Michèle Simonsen, *Parrain renard et autres contes d'animaux*, L'École des loisirs.

fiche n°32
Le renard

Découvre le texte

1. Trois erreurs se sont glissées dans ce dialogue. Souligne-les.

– Compère Chat, réveille-toi.

– Merlette, tu m'ennuies. Laisse-moi courir.

– Compère Chien, écoute par pitié. Il faut que tu me venges.

Le renard m'a mangé mes quatre petits merles.

– Ça m'est égal.

– Compère Chien, mange-moi, et je te donnerai tout ce que tu voudras.

2. Colorie le dessin représentant la position du chien du texte.

a

b

c

Retiens les informations

Coche la bonne réponse.

1. La merlette appelle au secours :

❒ le renard.
❒ le chien.
❒ le merle.

2. Le chien étrangle :

❒ la merlette.
❒ le renard.

Au-delà du texte

Complète :

<u>le mâle</u>	<u>la femelle</u>	<u>le petit</u>
le merle	la	le merleau
le chien	la	le ....
le renard	le	le ....

fiche n°33 Le renard

Complète cette fiche documentaire sur la renarde en t'aidant des informations au verso.

Fais un beau titre, décoré et bien écrit.

....

• Description

tête ....

oreilles ....

museau ....

pelage ....

queue ....

• Nourriture

Elle mange ....

• Habitat

La renarde habite dans un

....

• Cri

La renarde ....

• Qualités

La renarde est :

....

....

Le renard

UNE JOLIE ROUSSE

ph © Danegger / Jacana

• Belle! tête fine, museau pointu, oreilles triangulaires et queue très touffue. C'est un mammifère au pelage roux.

• Prévoyante ! La renarde fait des réserves en cachant des proies mortes. Grâce à son excellente mémoire, elle les retrouve toujours !

ph © Hellio-Van Ingen / PHO. N.E.

• Intelligente ! La renarde a dissimulé son terrier sous un roncier. Et à la moindre inquiétude, elle pousse de petits cris, on dit qu'elle glapit : c'est ainsi qu'elle avertit ses renardeaux qui se précipitent au fond du trou !

ph © Dragesco / Jacana

• Rusée ! Elle entend le frôlement d'un rat dans les herbes.
Elle s'approche à pas de velours. Malgré les dents pointues du rat, elle le tuera pour se nourrir.

• Méfiante ! Quand elle se sent pourchassée, la renarde fait très attention. Elle ne sort alors que la nuit.

D'après *La Petite Bête*, n°632, juillet 1998.

Petit-Féroce champion de la jungle (1)

Je ne suis pas Petit-Gentil !
Je ne suis pas Petit-Joli !
Je ne suis absolument pas petit charmant !
Je déteste qu'on m'appelle comme ça, ça m'irrite, ça m'énerve, ça me tortillonne les oreilles de rage et puis ça me torturonge les orteils de fureur. Bref je n'aime pas ça.
Car je suis Petit-Féroce, le seul, l'unique, le vrai de vrai, le terrible ! J'ai une massue et des cheveux noirs et je me donne un mal fou pour devenir ENCORE plus féroce que ça !
Alors le premier qui m'appelle Petit-Mignon, je l'écrabouille !
La seule, mais alors la seule qui puisse m'appeler Gentil et Mignon, et tout et tout, c'est ma maman Jolie-Féroce quand je l'aide à faire le ménage dans notre splendide caverne, pas loin du lac de la Lune.
Il faut vous dire que mon papa Grand-Féroce est quelqu'un de TRÈS important dans notre tribu des Cavernois. Mon papa, c'est un chasseur si formidable que dès qu'il tousse, un diplodocus tombe du soleil, et s'il éternue, Tchoum !, un délicieux dinosaure dégringole de la lune directement dans notre belle grosse marmite, MIAM !
Nous habitons donc dans une caverne somptueuse et très confortable, tapissée de peaux de tigres et d'ours et de loups sans compter les magnifiques crânes accrochés au mur, pour décorer.
Malheureusement, on ne mérite une caverne pareille que si on devient un grand chasseur. Un chasseur très très féroce ! Et moi, un jour, il faudra que j'offre une grotte MAGNIFIQUE à ma fiancée Cerise-qui-mord ! Et pour ça, je dois devenir aussi féroce que possible.

fiche n°34
La préhistoire

✎ Découvre le texte

Colorie les éléments qu'on trouve dans la caverne.

✎ Retiens les informations

Coche la bonne réponse.

1. Qui peut dire à Petit Féroce qu'il est gentil et mignon ?

- ❒ sa grand-mère.
- ❒ sa sœur.
- ❒ sa mère.

2. L'arme de Petit Féroce est :

- ❒ un lance-flamme.
- ❒ un lance-pierre.
- ❒ une massue.

3. Le papa de Petit Féroce chasse :

- ❒ les papillons.
- ❒ les diplodocus.
- ❒ les araignées.

4. La caverne est tapissée :

- ❒ de papier peint.
- ❒ de peaux d'animaux.
- ❒ de dessins de chasse.

✎ Au-delà du texte

Colorie une case sur deux pour trouver à quelle époque se passe cette histoire. Écris le nom de cette époque. ....

Petit féroce champion de la jungle (2)

Alors tous les jours après le petit déjeuner (des rondelles de mammouth à la confiture) et avant le repas (qui commence toujours par des tranches de mammouth en vinaigrette), je m'entraîne à devenir féroce et férocissime, et encore plus féroce que ça et même phénomènalement féroce, mais ce n'est pas facile !
Pourquoi ? Parce que personne ne me comprend dans cette caverne ! D'abord j'essaie de soulever la massue de rechange de papa Grand-Féroce, qui est parti à la chasse, mais je n'y arrive pas. Et tout ce que maman trouve à faire, c'est m'embrasser sur le nez et de me dire en riant :
– Qu'il est mignon..
Hum hem... J'aime bien que maman m'embrasse, mais ça ne fait pas très féroce, pas vrai ? (...)
Cerise-qui-mord, c'est ma fiancée ! C'est aussi la fille d'Arbre Rouge, le sorcier de notre tribu. Elle est très jolie avec ses cheveux rouges et ses yeux verts, mais elle a un affreux caractère. Un caractère balivernesque et cavernicolin ! Mais chhhuut ! Ne lui dites surtout pas que je l'ai dit car je ne veux pas la chagriner. Je l'aime comme ça, ma gentille (hum hum) et jolie (ah oui) Cerise.

D'après Paul Thiès,
Petit Féroce champion de la jungle, Cascade Rageot éditeur.

✎ Découvre le texte

Trouve dans le texte trois noms qui commencent par m **et dessine-les.**

un animal :	une personne :	une arme :
....	....	....

La préhistoire

Retiens les informations

Coche la bonne réponse.

1. Petit Féroce mange :

- ❐ du mammouth au beurre.
- ❐ du mammouth à la confiture.
- ❐ du mammouth au lait.

2. Petit Féroce s'entraîne à devenir :

- ❐ plus gentil.
- ❐ plus rapide.
- ❐ plus féroce.

3. La fiancée s'appelle :

- ❐ Cerise-toute-crue.
- ❐ Cerise-qui-mord.
- ❐ Cerise-qui-croque.

4. La fiancée de Petit Féroce est la fille :

- ❐ du grand chef.
- ❐ du sorcier.
- ❐ du plus grand pêcheur.

Au-delà du texte

Colorie uniquement les animaux préhistoriques.

fiche n°36
La préhistoire

Les survivants du passé

....

Comme les dinosaures, la plupart des animaux préhistoriques ont disparu de la surface de la terre.
Mais aux quatre coins du monde, il existe quelques plantes et quelques animaux semblables à ceux qui vivaient il y a des millions et des millions d'années. (...)

....

Certaines bêtes se sont transformées lentement pour survivre.
Le *Moeritherium*, par exemple, est devenu peu à peu un éléphant.

....

L'allure terrible et préhistorique des crocodiles nous ramène plus de 160 millions d'années en arrière, quand ils régnaient sur terre avec les dinosaures.(...)

....

La tortue vorace est celle qui a le moins changé. Cette grande tortue habite les cours d'eau du Canada et des États-Unis.
En cas de danger, très agressive, elle attaque ses ennemis et les mord.(...)

L'incroyable résistance des scorpions leur a peut-être permis de trottiner sur terre toujours semblables, depuis 400 millions d'années !

D'après *Les survivants de la préhistoire*, « Les Bêtes noires », © Bayard Éditions.

Découvre le texte

Choisis et écris pour chaque animal le nom qui lui convient :

tortue - crocodile - mammouth - scorpion - éléphant - dinosaure

La préhistoire

Retiens les informations

Coche la bonne réponse.

1. Avant, l'animal qui ressemblait à l'éléphant s'appelait :

- ❐ Moeritherium.
- ❐ Eléphantaerium.
- ❐ Moumouthaerium.

2. L'animal qui a le moins changé est :

- ❐ le scorpion.
- ❐ la tortue vorace.
- ❐ l'éléphant.

3. Le scorpion a survécu car :

- ❐ il est fragile.
- ❐ il est petit.
- ❐ il est résistant.

4. Le crocodile existe depuis :

- ❐ 16 ans.
- ❐ 160 millions d'années.
- ❐ 16 millions d'années.

Au-delà du texte

Lis chacun de ces trois textes et dessine ces animaux qui existaient déjà il y a des millions d'années.

1. La blatte est un insecte que l'on traite aussi de cafard ou de cancrelat. Elle est marron, elle a un corps aplatie. Elle possède de longues antennes. Elle mesure jusqu'à 3 cm.

2. La mygale est une redoutable araignée marron et poilue, qui peut mesurer jusqu'à 20 cm. Elle possède huit pattes.

3. Le sphénodon est un petit reptile, qui ressemble à un gros lézard. Il mesure en moyenne 60 cm, et peut changer de couleurs. Il possède quatre pattes griffues et une longue queue.

Le garçon qui criait au loup

Il était une fois, très loin à l'est, tout en haut des montagnes, un loup. En bas dans la vallée vivait un petit garçon qui se nommait Luigi.
Luigi était un enfant fort désagréable, désobéissant, et farceur !
Le loup, était un grand loup, souvent affamé et du coup très féroce.
Le loup ne descendait que rarement dans la vallée, mais les gens vivaient toujours dans la crainte de son retour.
Alors Luigi, s'amusait de leurs peurs, et chaque fois qu'il n'avait pas envie de faire quelque chose, il descendait en courant les ruelles du village en criant « Au loup! ». Les gens affolés se réfugiaient chez eux et Luigi ricanait dans son coin et pouvait faire ce qu'il voulait. Pendant des mois et des mois, Luigi multiplia ses farces, continuant à semer la panique dans le village. Les gens étaient fatigués, mais leur peur du loup était trop grande.
Un jour de grand froid, cependant, le loup descendit dans la vallée. Il avait très faim. La montagne était endormie sous la neige, il ne trouvait rien à se mettre sous la dent.
Alors que le petit garçon construisait un bonhomme de neige, le loup surgit derrière les sapins pour le dévorer. Luigi prit ses jambes à son cou et descendit le village en hurlant « Au loup, Au loup ». Mais malheureusement pour lui, cette fois-ci, les gens ne le crurent pas.
« Arrête avec tes farces, tu nous racontes toujours des histoires. Maintenant, on ne te croit plus. »
Luigi, continuait sa course en hurlant « Au secours, sauvez moi ! ».
Mais personne ne bougeait.
Le loup rattrapa l'enfant. Le pauvre garçon finit dans son ventre ; on ne le revit jamais.
Quant au loup, il remonta dans la montagne.

Le loup

Découvre le texte

1. Colorie les deux personnages principaux de cette histoire.

un lutin

Luigi

un villageois

le loup

2. Dessine ce que construit Luigi quand le loup le surprend.

Retiens les informations

Coche la bonne réponse.

1. Luigi est un enfant :

- ❐ obéissant.
- ❐ timide.
- ❐ menteur.

2. Le loup est :

- ❐ gentil.
- ❐ féroce.
- ❐ rigolo.

3. Les habitants du village :

- ❐ ne croient plus Luigi.
- ❐ sauvent Luigi.
- ❐ tuent le loup.

4. Le loup :

- ❐ construit un bonhomme de neige.
- ❐ mange l'enfant.

Au-delà du texte

Relie.

Un loup charmant •

Un loup affamé •

Un loup farceur •

• 

• 

• 

Pierre et le loup

Un beau matin, alors que le grand-père et le canard dormaient encore, Pierre ouvrit sans bruit la porte du jardin et sortit dans le pré. Sur le grand arbre, près du mur, il y avait un ami de Pierre : l'oiseau.
L'oiseau dit :
– Écoute ! quel silence !
Le canard s'éveilla et se réjouit de voir ouverte la porte du jardin.
– Ah ! Ah !, caqueta-t-il, ma journée commence bien ! Je vais aller me baigner dans la mare ! Et il partit en se dandinant.
L'oiseau s'envola, se planta devant lui et chercha la querelle.
– Espèce d'oiseau stupide ! Tu ne sais pas voler ! fit-il.
Le canard bâilla :
– Et toi drôle d'oiseau qui ne sait pas nager !
Il tira la langue à l'oiseau, puis plongea dans l'eau.
Le canard barbota dans la mare, l'oiseau battit des ailes.
Soudain, Pierre aperçut, tapi dans l'herbe, le chat qui avançait…
– J'adore les oiseaux, se dit le chat, particulièrement au petit déjeuner.
– Attention, cria Pierre.
Vif comme l'éclair, l'oiseau fila dans l'arbre et regarda le chat de haut.
Le canard cancana et il tira la langue au chat... du milieu de l'étang ! (…)
Et voilà qu'un grand loup gris sortit de la forêt ! Le chat grimpa dans l'arbre, il monta aussi haut qu'il put ! Quant au canard, il sortit de l'eau pour tirer la langue au loup… avant de s'enfuir !
– Ha ha, ricana le loup, tu as du toupet, mais tu es gras et frais !
Aussitôt, il bondit, le rattrapa, la gueule grande ouverte et du canard ne fit qu'une bouchée !

D'après Prokofief, *Pierre et le loup*, © éd. Casterman.

Découvre le texte

1. Dessine tous les animaux de cette histoire et écris leur nom.

....	....	....	....

fiche n°38
Le loup

2. Remets ces phrases dans l'ordre en les numérotant.

- ❐ Quant au canard, il sortit de l'eau pour tirer la langue au loup.
- ❐ Le canard barbota dans la mare, l'oiseau battit des ailes.
- ❐ Le canard s'éveilla et se réjouit de voir ouverte la porte du jardin.

✎ Retiens les informations

Coche la bonne réponse.

1. Au début de l'histoire, l'oiseau est :

- ❐ sur le mur.
- ❐ sur la porte du jardin.
- ❐ sur le grand arbre.

2. Deux personnages se disputent, ce sont :

- ❐ Pierre et l'oiseau.
- ❐ le chat et Pierre.
- ❐ le canard et l'oiseau.

3. Le loup pense que le canard :

- ❐ a très peur.
- ❐ a froid.
- ❐ a du toupet (de l'audace).

4. Le grand loup gris sortit de :

- ❐ la maison.
- ❐ la forêt.
- ❐ la mare.

✎ Au-delà du texte

**1. L'histoire de Pierre et le loup a été écrite en musique. Le canard est représenté par le hautbois, l'oiseau par la flûte.
Dessine l'instrument qui peut représenter :**

le canard

l'oiseau

l'éléphant

....

2. Cherche et écris un titre d'histoire qui parle de loup.

....

À la bibliothèque : à propos des loups

☞ RECITS

- ***Les contes bleus du chat perché : le loup***
M. Aymé, éd. Gallimard (« Foliot Cadet »).
- ***Mon loup***
A. Berthier, éd. Grandir.
- ***Contes de sorcières, loups et draculoups***
éd. Bayard (*Astrapi*).
- ***Une faim de loup***
A. Frolow, éd. Flammarion (« Père castor Cadet »).

☞ BANDES DESSINEES

- ***Sylvain et Sylvette : Le banquet des compères***
J.- L. Pesch, éd. Le Lombard.
- ***Buddy Longway : Trois hommes sont passés***
Derib, éd. Le Lombard.
- ***Thorgal : Louve***
Rosinski, éd. Le Lombard.
- ***Lova***
Servais, éd. Aire Libre.

☞ DISQUES OU CD

- ***Le garçon qui criait au loup***
T Ross et C Barrès, éd. Gallimard (livre cassette).
- ***Le loup, la biche et le chevalier***
in Bossa, biguines, berceuses et ritournelles
éd. Enfance et musique (K7 ou CD + brochure).

D'après la brochure *Loup*, conçue et réalisée par la bibliothèque jeunesse Gutenberg, Mairie de Paris (75015), juin 1997.

Le loup

Découvre le texte

1. Écris le titre de la bande dessinée, où tu vois le mot compères.

....

2. Écris le titre d'un conte.

....

3. Écris les deux titres des disques (CD ou cassette).

....

Retiens les informations

Coche la bonne réponse.

1. Tous ces ouvrages parlent :
- ❐ des sorcières.
- ❐ des loups.
- ❐ des hommes.

2. Dans cette bibliothèque, on trouve :
- ❐ des cahiers d'école.
- ❐ des livres.
- ❐ des jeux vidéo.

3. Le livre-cassette a pour titre :
- ❐ *Le garçon qui criait au loup.*
- ❐ *Louve.*

4. L'auteur qui a écrit *Les contes bleus du chat perché : le loup* s'appelle :
- ❐ A. Berthier.
- ❐ A. Frolow.
- ❐ M. Aymé.

Au-delà du texte

1. Invente un titre à cette couverture.

OBJECTIF
LECTURE

ASTRID CHARLERY LABOUCHE

lecture silencieuse

CAHIER AUTOCORRECTIF

FICHIER
CE1
CYCLE 2

HATIER

Corrigés
Lecture silencieuse

Ce fichier de lecture silencieuse propose des supports de lecture regroupés par thèmes.

La progression est assurée tant sur les plans lexical et syntaxique que par rapport à la longueur des textes et au style des documents choisis. La taille des caractères évolue également.

Ce support de lecture offre une grande liberté. En effet les fiches permettent une pédagogie différenciée, l'enfant peut avancer à son rythme.
Le choix est aussi laissé à l'enseignant de faire démarrer les enfants quand il estime qu'ils sont prêts à le faire. Si le fichier n'est pas terminé en fin d'année scolaire, il est cohérent et conseillé d'en assurer la finition pendant les vacances.

Chacun des thèmes comporte trois fiches.
Les deux premières proposent des textes fictionnels.
La troisième fiche présente BD, lettre, document, chanson, questionnaire...

Chaque fiche comporte un texte suivi d'un appareil pédagogique.
Les questions, en trois étapes, s'inscrivent systématiquement dans la même approche :
– La première phase est une phase de découverte.
– La deuxième phase stigmatise la mémorisation d'informations.
– La troisième phase permet d'explorer des champs d'investigation périphériques.

Trois tests (1 en début de fichier, 1 au milieu et 1 à la fin) évaluent :
– la vitesse de lecture, calculé en nombre de mots à la minute,
– la compréhension générale (en 10 items),
– l'efficacité de lecture, qui met en rapport la performance en vitesse et celle obtenue en compréhension.
Les résultats de ces tests (inspirés dans leur forme et leur mode de calcul des travaux de l'INRP) permettent de répartir les élèves d'une classe en trois groupes : les bons lecteurs, les lecteurs moyens et ceux qui ont des difficultés.
Pour les CE1, en début d'année, ils ne sont pas indispensables pour évaluer les enfants. Notre proposition reste donc facultative.

Mesure de la vitesse
Lors de sa lecture, le maître demande aux élèves de tracer une barre verticale dès qu'ils entendent un signal sonore, émis toutes les trentes secondes.
Le maître compte le nombre de mots lus (indiqués en marge) jusqu'à la dernière barre.
Il compte le nombre de barres tracées par l'élève.
Le score de vitesse, indiquant le nombre de mots lus à la minute, est donné par la formule :

$$\frac{\text{Nombre de mots lus}}{\text{Nombre de barres tracées}} \times 2$$

Ce mode de calcul s'inspire des travaux de l'INRP dirigés par Jean Foucambert.

Mesure de la compréhension
Le score obtenu sur 10 correspond au nombre de bonnes réponses obtenues au questionnaire.

Mesure de l'efficacité
L'efficacité met en rapport les performances obtenues en vitesse et en compréhension.
On obtient le score d'efficacité par la formule :

$$\frac{\text{score de vitesse x score de compréhension}}{10}$$

Groupes de niveaux
En fonction des scores obtenus, il conviendra de constituer des groupes de niveaux.

	GROUPE 1	GROUPE 2	GROUPE 3
VITESSE	170 mots et plus	de 100 à 169	moins de 99 mots
COMPREHENSION	8 - 9 - 10	5 - 6 - 7	1 - 2 - 3 - 4
EFFICACITE	136 et plus	de 50 à 135	moins de 50

Pour les élèves en difficulté, on se reportera au fichier *Je m'entraîne à lire*, qui propose des exercices permettant d'améliorer la saisie de l'information, le traitement de cette information, la capacité de mémorisation.

Merci à l'équipe de la bibliothèque jeunesse Gutenberg - Paris (75015).

Corrigés

Test d'évaluation n°1 **Le petit soldat de plomb** (pages 3 et 4)

1. Les jouets appartiennent à un petit garçon.
2. La boîte contenait 25 soldats.
3. Les soldats sont en plomb.
4. Il n'avait qu'une jambe.
5. le plus gros jouet du petit garçon était un château en carton.
6. Le plus beau jouet était une petite danseuse en carton.
7. La petite danseuse portait un tutu.
8. Le ruban sur ses épaules était bleu.
9. La danseuse avait une paillette.
10. Le petit soldat pensait que la danseuse n'avait qu'une seule jambe.

Fiche n°1 **Un pou et une puce** (pages 5 et 6)

Découvre le texte

1. b) Un pou et une puce. 2. c) Ils jouent aux cartes. 3. c) Ils jouent sur un tabouret.

Retiens les informations

1. Les cartes à colorier sont le dix de pique, le roi de trèfle.
2. Le pou est en colère parce que la puce a triché.
   Le pou tira le chignon.
   Le pou passa par derrière.

Au-delà du texte

1. Dessiner le 3, le 7 et le 10 de trèfle.
2. Entourer : la bataille - le pocker - le jeu de 7 familles.

Fiche n°2 **Sur le chemin de ma main** (pages 7 et 8)

Découvre le texte

1. Colorier le chemin du milieu.
2. Colorier la pomme (a), la lavande (d), le baiser de maman (e).

Retiens les informations

1. La lavande que je venais de toucher.

La pomme que je venais de manger.
Le baiser que maman avait posé.
2. Entourer : un grain de beauté.

Au-delà du texte

1. : **bonnes odeurs :** le parfum de maman, les framboises, le chocolat.
mauvaises odeurs : le linge sale, la poubelle, les égouts.

2.

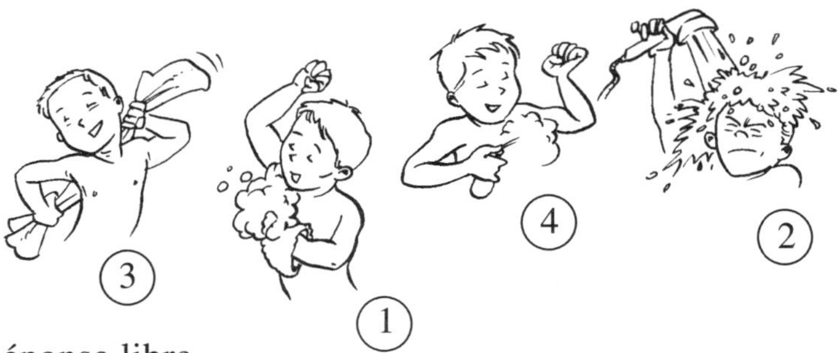

3. Réponse libre.

Fiche n°3 Cultivons notre langage (pages 9 et 10)

Découvre le texte

1. Colorier : tomber dans les pommes.
2. Écrire : pêche - poire - pomme - tomate.
3. Colorier la deuxième vignette.

Retiens les informations

1. Barrer : tomber dans les poires - avoir des oreilles en feuilles d'artichaut.
Entourer : avoir la pêche - être rouge comme une tomate.
2. avoir un cœur d'artichaut : changer d'amoureux.
être une bonne poire : être trop gentil.
3. Dessiner : une tomate.

Au-delà du texte

1. Tomber dans les pommes
2. Être têtu comme une mule.
Être rusé comme un renard.
Être doux comme un agneau.
Être bête comme une oie.

Corrigés

Fiche n°4 **Hanzel et Gretel (1)** (pages 11 et 12)

Découvre le texte

1. Entourer : une maisonnette en pain.
2. Colorier la troisième maison.

3. Hanzel goûte au toit, Gretel lèche les carreaux.

Retiens les informations

1. La maisonnette est en pain.
   Le toit est en gâteaux.
   Les fenêtres sont en sucre.
2. Entourer : parce qu'ils ont faim.

Au-delà du texte

1. Entourer : Hanzel et Gretel.
2. Une petite gaufre est une gaufrette.
   Une petite pince est une pincette.

Fiche n°5 **Hanzel et Gretel (2)** (pages 13 et 14)

Découvre le texte

1.

2. Entourer : femme - vieille.

Retiens les informations

1. a) De l'intérieur une voix cria : liche, lèche, lèchette.
   b) Qui lèche ma maisonnette : C'est le vent.
   c) La femme était vieille comme : les pierres.
2. Ils lachent ce qu'ils tenaient parce qu'ils ont peur.

Au-delà du texte

1. Entourer : un conte.
2. Colorier : le chalet, l'igloo, la case.

Fiche n°6 **Dame Tartine** (pages 15 et 16)

Découvre le texte

1. Colorier : des gaufrettes - des bonbons - des biscuits.
2. Colorier : Paris.

Retiens les informations

1. Dame Tartine.
2. Dans un palais.
3. Un petit bonnet.

Au-delà du texte

Réponse individuelle.

Fiche n°7 **La rentrée des mamans (1)** (pages 17 et 18)

Découvre le texte

1. Dessiner les mamans devant la grille de l'école.
2. Antoine a vu des cochons, des mouches et des myrtilles.
3. Mimi est la troisième.

Retiens les informations

1. Les mamans boudent.
2. Les enfants retrouvent tous leurs copains.
3. Le titre de cette histoire est : La rentrée des mamans.

Au-delà du texte

1. Entourer : au mois de septembre.
2. – Oh, Lucie ! Tu es allée à la mer ?
   Ce que tu es bronzée !
   – Moi j'étais à la montagne. Il y avait des marmottes,
   des chamois et des myrtilles dans les bois,
   je te raconterai.

Fiche n°8 La rentrée des mamans (2) (pages 19 et 20)

Découvre le texte

Certaines mamans ne veulent pas quitter les bras de leurs enfants, d'autres restent accrochées des deux mains à la grille dorée de l'école.
Les mamans réclament :
– Encore un bisou baveux ! Et comme c'est le jour de la rentrée et que leurs enfants sont très patients, ils leurs donnent encore un centième bisou.

Retiens les informations

1. Les enfants embrassent leur maman parce que la cloche sonne.
2. La maman de Pauline prend l'autobus.
3. Les mamans réclament un bisou.

Au-delà du texte

1. Barrer : une fessée.
2.

La maman d'Antoine rigole.

La maman d'Antoine boude.

La maman d'Antoine est en colère.

Fiche n°9 Au tableau (pages 21 et 23)

Découvre le texte

1. mardi 26 septembre.
2. Pierre.
3. Dessiner six enfants.

Retiens les informations

1. Barrer : une dictée - des opérations.
2. Colorier : le cahier de poésie - l'ordinateur - le cahier de mathématiques - des feuilles d'automne.
3. Deux enfants travaillent sur l'ordinateur ce matin.

Au-delà du texte

1. la feuille de papier - le stylo encre - un double décimètre - le crayon à papier.
2. Réponse individuelle.

Fiche n°10 **La fête de l'école (1)** (pages 23 et 24)

Découvre le texte

Série 1 : dessin c.

Série 2 : dessin b.

Retiens les informations

1. La maîtresse s'appelle Georgette. Elle parle de la fête de l'école juste après les petites vacances de la Pentecôte. Elle mime la pêche à la ligne, la tombola et le jeu de massacre.
2. Dessiner : des jumelles, puis une longue-vue.

Au-delà du texte

1. Entourer : le maquillage - la loterie - la course en sacs - la pêche à la ligne - le chamboule-tout.
2. Faire une croix sur : le canard - les étiquettes des boîtes de conserve - l'enfant déguisé en Africain - trois boules de glace.

Fiche n°11 **La fête de l'école (2)** (pages 25 et 26)

Découvre le texte

1. On lit le mot *classe* 3 fois.
2. Chaque classe devait préparer le spectacle en cachette. Et comme dans la classe, on était de tous les pays du monde, on allait préparer des danses du monde entier.
3. Colorier la dernière image.

Retiens les informations

1. Antoine sera déguisé en chef d'une tribu africaine.
2. Abdel se croit rigolo.
3. Antoine donnera le signal de départ des tam-tams.
4. Antoine portera un pagne.

Au-delà du texte

1. Réponse individuelle.
2.

Chine

Écosse

Espagne

Fiche n°12 L'agenda d'Antoine (pages 27 et 28)

Découvre le texte

1. Mercredi, Antoine doit <u>acheter le maquillage, aider madame Durire à finir les paquets</u>.
2. Antoine doit aller chez le dentiste <u>mardi à 17 h</u>.
3. Antoine doit décorer la salle <u>vendredi à 14 h</u>.

Retiens les informations

1.

③ 

② 

① 

2. La journée la plus chargée pour Antoine est <u>samedi</u>.
   Antoine a rendez-vous samedi pour <u>se déguiser</u>.

Au-delà du texte

1. On y écrit les adresses : un carnet d'adresses.
   On y écrit ses rendez-vous : un agenda.
   On y écrit un petit message : un post-it.
2. Réponse individuelle.

Fiche n°13 À la découverte du monde (1) (pages 29 et 30)

Découvre le texte

1. Entourer : morse - phoque.
2. Dessiner un traîneau à moteur.
3. Écrire : congelé - igloo - glace - morses - icebergs - –50° - phoques - froid.

Retiens les informations

1. Barrer : Félix écrit en direct du Pôle sud.
   Félix vit dans un trou.
2. Les bébés phoques ressemblent à des peluches. Ils sont tout doux, ils sont <u>pelucheux</u>.

Au-delà du texte

1.

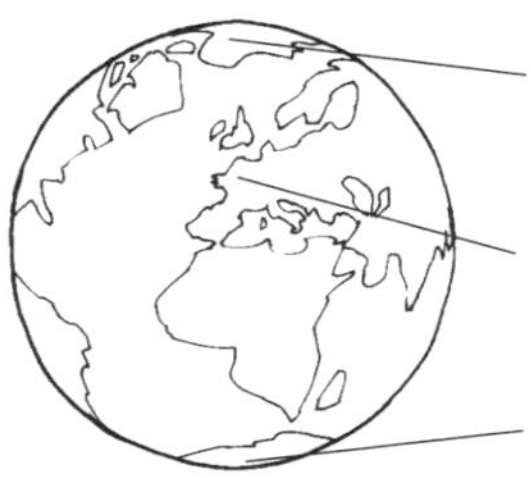

2. Entourer : traîneau - avion - moto-neige - ski - raquettes.
3. L'Indien : un tipi - l'Esquimau : un igloo - l'Africain : une case - l'Européen : un appartement.

Fiche n°14 À la découverte du monde (2) (pages 31 et 32)

Découvre le texte

1. Entourer : sur un bateau.
2. Dessiner et écrire : une baleine - des dauphins.

Retiens les informations

1. Félix n'a pas pu écrire avant <u>car il était en pleine mer.</u>
2. Sur le bateau, Félix dort <u>dans un hamac.</u>
3. Félix voyage sur un bateau <u>à voiles.</u>
4. Le rire des dauphins ressemble à celui <u>de Johanna et Sophie.</u>

Au-delà du texte

1. Colorier : la pieuvre - le requin.

2. Attention tu vas boire la tasse !

Corrigés

Fiche n°15 **Langage secret des drapeaux** (pages 33 et 34)

Découvre le texte

2.

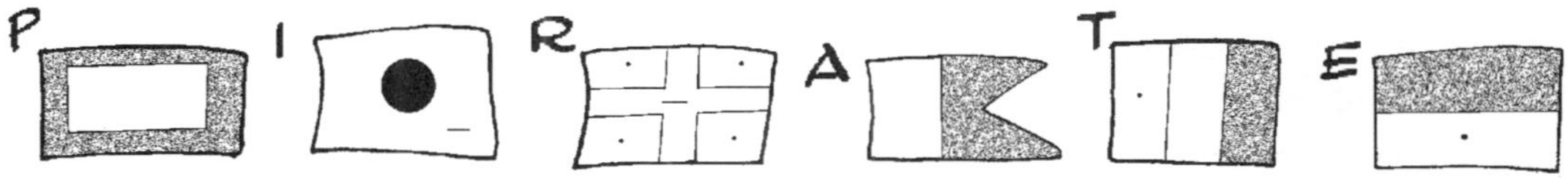

Retiens les informations

1. non.
   non.
2 Les personnes qui utilisent ces drapeaux sont : <u>les marins</u>.
3. Il y a : <u>26 drapeaux</u>.

Au-delà du texte

1.

Danger de mort

Passage d'animaux sauvages

Interdiction de nourrir les animaux

2.

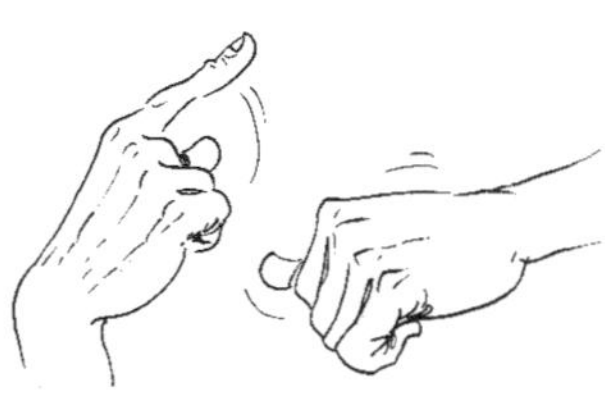
Muets

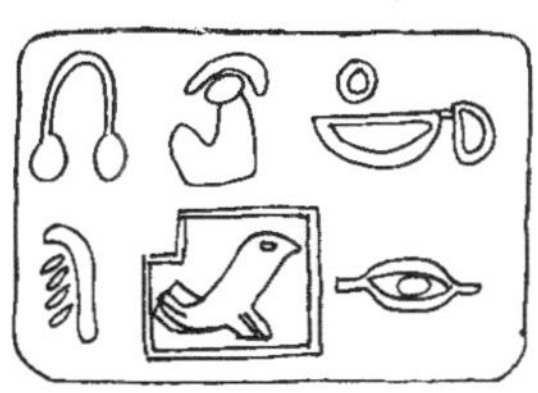
Égyptiens

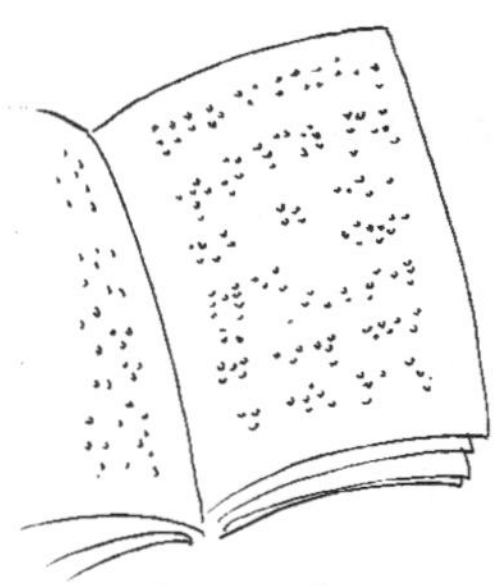
Aveugles

Indiens

Fiche n°16 **L'avalanche (1)** (pages 35 et 36)

Découvre le texte

1. Vrai - Faux - Faux - Vrai
2.

Retiens les informations

1. Les skieurs ont provoqué l'avalanche car : ils descendent la pente.
2. Lorsque l'avalanche se déclenche, cela fait un bruit : de tonnerre.
3. Martin dit que les skieurs ont été : engloutis.
4. La personne qui appellera les secours en montagne est : le père de Hans.

Au-delà du texte

1. Entourer :
   Prévenir avant son départ du lieu où l'on skie.
   Rester sur les pistes.
2. Entourer en rouge : les skis - les lunettes de soleil - les bâtons - les moufles. Entourer en vert : le piolet - la corde - les lunettes de soleil - les moufles.

Fiche n°17 L'avalanche (2) (pages 37 et 38)

Découvre le texte

1. Le mot *neige* est écrit 3 fois.
2. Plein de bonne volonté, l'animal mangeait, le museau plaqué contre la neige brûlante. Mais il perdait rapidement l'appétit.

Retiens les informations

Barrer les mauvaises réponses :

1. un avion - des raquettes.
2. en se donnant la main. - les uns derrière les autres.
3. fatigués - énervés.
4. abandonnent les recherches. - déclenchent une avalanche.

Au-delà du texte

Mots croisés

			4								
			A								
			V								
			A				2				
1	H	É	L	I	C	O	P	T	È	R	E
			A				E				
			N				R				
			C				C				
			H		3	C	H	I	E	N	
			E				E				

Fiche n°18 Les jeux olympiques (pages 39 et 40)

Découvre le document

1. Dans l'ordre : a. ski de fond - b. hockey sur glace - c. slalom - d. saut - e. patinage artistique.

Retiens les informations

1. Entourer : la luge - le patinage artistique - le ski de fond - le surf des neige - le slalom géant - le saut.
2. Ne pas barrer le b.

Au-delà du texte

1. Aux jeux olympiques, on allume une flamme.
2. La ville d' Albertville a accueilli les Jeux olympiques d'hiver.
3. Le vainqueur d'une course reçoit une médaille d'or.

Fiche n°19 Le bal costumé (1) (pages 41 et 42)

Découvre le texte

1. Le nom de l'hôtel où a lieu le concours est : <u>Grand Hôtel des Flots Bleus</u>.
2. <u>Six</u> personnages défilent sur l'estrade.
3. La récompense pour le concours est : <u>une boîte de sucettes</u>.

Retiens les informations

1. Entourer :

2. Souligner : un panier - un pot de beurre - un chaperon.

Au-delà du texte

1. Colorier : princesse - diable - Robin des bois - fée.
2.

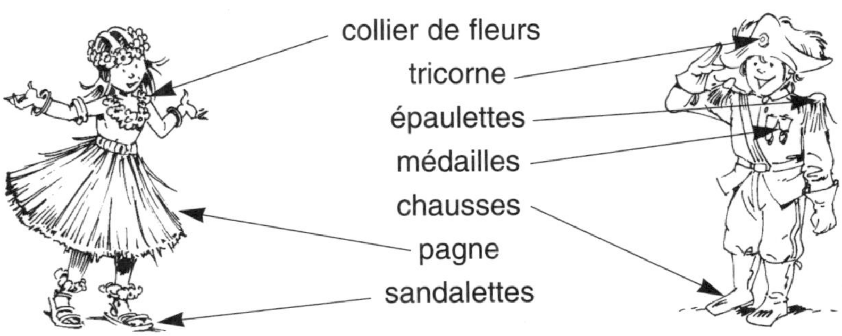

Fiche n°20 **Le bal costumé (2)** (pages 43 et 44)

Découvre le texte

1. Les étapes sont :

Retiens les informations

1. Les trois dames complotent.
2. Madame Poule se lève pour proclamer le résultat.
3. Le premier prix est remporté par la Lapine-fée.
4. En trois bonds, la loutre grimpe sur l'estrade.

Au-delà du texte

Tu as perdu le stylo que t'a donné ton grand-père.
Tu as perdu une dent, tu trouves un cadeau sous ton oreiller.
Tu n'es pas arrivé le premier à la course.
Maman t'offre une place pour aller au cirque.
Ton déguisement s'est déchiré.
Tu vois passer dans le ciel un dragon rose.

Fiche n°21 **Infoville** (pages 45 et 46)

Découvre le texte

1. On peut aller prendre des idées de masques à l'Expo masques.
2. La participation à l'atelier de confection des costumes est de 50 F.
3. Le bal du carnaval aura lieu le 1er mars à 15 h.
4. Le spectacle coûte 10 F.

Retiens les informations

1. Cet article est écrit en février.
2. On prépare la fête du carnaval.
3. L'atelier de déguisements est ouvert du 14 février au 1er mars.
4. Avec 30 F, on peut aller voir l'exposition de masques.

Au-delà du texte

1. Relier : Noël à décembre, la fête nationale à juillet, le carnaval à février, le jour de l'an à janvier.
2. Entourer : pour Hallowen - pour le carnaval - pour un goûter d'anniversaire - pour la fête de l'école - pour un bal costumé.

Test d'évaluation n°2 **La légende de la tente magique** (pages 47 et 48)

1. Le jeune Indien s'appelle <u>Inyan</u>.
2. La forêt était <u>touffue</u>.
3. Le jeune Indien marchait <u>rapidement</u>.
4. Inyan chasse avec <u>un arc.</u>
5. Il tire <u>sur une perdrix et un lapin</u>.
6. Il marcha jusqu'à ce que <u>le soleil tombe</u>.
7. Il aperçoit entre les arbres <u>un mince filet de fumée blanche</u>.
8. Dans la clairière il y a <u>un seul tipi</u>.
9. la vieille femme était <u>assise près du feu</u>.

10 Les deux personnages mangèrent <u>en silence</u>.

Fiche n°22 **Pincemi, Pincemoi et la sorcière (1)** (pages 49 et 50)

Découvre le texte

1. Barrer : ailes de mouches, caramel.
2. La sorcière habite <u>au bout de la rivière</u>.

Retiens les informations

1. Les parents n'envoient plus leurs enfants à l'école <u>à cause de la sorcière</u>.
   Les enfants inventent <u>des sottises, des gros mots, des refrains débiles et des blagues stupides</u>.
2. a) La sorcière venait à la sortie de l'école <u>avec son panier à provision</u>.
   b) Les enfants devenaient mal élevés parce <u>qu'ils n'allaient plus à l'école</u>.

Au-delà du texte

1. Colorier le dessin n°3.

2. Colorier le dessin n°2.

Fiche n°23 **Pincemi, Pincemoi et la sorcière (2)** (pages 51 et 52)

Découvre le texte

Deux enfants étaient particulièrement affreux, c'étaient Pincemi, le garçon, et Pincemoi sa <u>sœur</u>. Il n'y avait pas de sottise au monde qu'ils n'aient pas inventée. Pour vous donner une idée, Pincemi et Pincemoi passaient leur <u>temps</u> à se dire des choses comme :

– Quel est le comble du coiffeur ?

– C'est de raser les <u>murs</u> .

Retiens les informations

1. Entourer : enfants - coiffeur - montgolfière - parents - sorcière - cartables.
2. Colorier : le cartable, la blouse, l'araignée, la poudre à éternuer.

Au-delà du texte

1. Cette histoire est <u>drôle</u>, <u>inventée</u>.

Fiche n°24 **Formules magiques** (pages 53 et 54)

Découvre le texte

1. Colorier la 4e touche en partant de la gauche.

2. Colorier la 2e touche en partant de la gauche.

3. Écrire le numéro 2.

Retiens les informations

1. On appelle ces phrases <u>des formules magiques</u>.
2. Pour changer les épinards en brioches, il faut <u>les fixer</u>.
3. Tu dis : « Écoute, choucroutre… » <u>pour faire la paix</u>.
4. Les épinards sont <u>verdoches</u>.

Au-delà du texte

1. Relier :
   avoir assez d'argent pour acheter trois carambars : cling, cling, clang dans la poche les piècettes deviennent de l'or.
   devenir la copine de Noémie : amiga, amigo, partagi secreto, amiga, amigo dis mi tout bas, mon amie.
2. Le dessin à trouver est une sorcière sur son balai.

Fiche n°25 Thomas Aigle Bleu (1) (pages 55 et 56)

Découvre le texte

1. Colorier le dessin n°2.

2. Entourer : l'arc, le tipi, le bouclier.

Retiens les informations

1. Thomas Aigle Bleu raconte l'histoire.
2. Thomas tresse la queue de son cheval pour le préparer comme pour une bataille.
3. Thomas a eu son premier cheval à huit ans.

Au-delà du texte

1. Barrer : casier - maisonnette - cabane.
   chèvre - poule - léopard.
   fusil - massue - épée.
2. Entourer : Vent qui court.

Fiche n°26 Thomas Aigle Bleu (2) (pages 57 et 58)

Découvre le texte

Barrer : Les Crows sont des amis.
Les Crows enlèvent les petits enfants.
Thomas Aigle Bleu se bat.

Retiens les informations

1. Thomas était parti tout seul.
2. Thomas se cache.
3. Thomas rêve d'un ours et de deux aigles.

Au-delà du texte

1. Écrire sous les dessins dans l'ordre : les Cheyennes - les Crows - les Sioux.
2. a) Écrire : cheval - monture.
   b) Écrire : souffle - respiration - haleine.

Fiche n°27 **Buffalo Grill** (pages 59 et 60)

Découvre le texte

1. Ton cousin a 18 ans, il peut prendre ce menu. : Faux.
   Tu peux choisir ce menu. : Vrai.
   Ton père peut prendre ce menu. : Faux.
2. Colorier : la glace 1 boule, les profiteroles, la barbe à papa.

Retiens les informations

1. Ce menu est un menu <u>pour les enfants</u>.
2. Le menu propose <u>3 desserts</u>.
3. Le restaurant propose de <u>fêter ton anniversaire</u>.
4. Le menu propose <u>aucune boisson</u>.

Au-delà du texte

1. Entourer et colorier : le steak de bison, les myrtilles,
   la crêpe au maïs, le poisson.
2. Barrer : au revoir - le ragoût de cafards - des plumes au chocolat.

Fiche n°28 **Les petits mégots (1)** (pages 61 et 62)

Découvre le texte

1. Écrire : Ahmed - Sélim - Abdo - Gamal.

Retiens les informations

1. Les enfants sont : ramasseurs de mégots.
2. Ils dorment : sur les marches de l'opéra.
3. Ils vont chercher à manger : au marché.

Au-delà du texte

1. Relier : Égypte et Le Caire, France et Paris,
   Grande-Bretagne et Londres.
2.

	« les petits mégots »	moi
dormir	X	X
se laver		X
déjeuner	X	X
prendre sa boîte de conserve	X	
prendre son cartable		X

Corrigés

Fiche n°29 Les petits mégots (2) (pages 63 et 64)

Découvre le texte

1. Ordre des images : 2 - 3 - 1.
2. Colorier : les crêpes, les dattes, les tomates.

Retiens les informations

1. Les moustachus sont <u>des policiers</u>.
2. Les enfants travaillent surtout <u>dans les belles avenues</u>.

Au-delà du texte

1. Entourer : pour pouvoir manger.
2. Relier : le marchand de livres : le libraire.
   le marchand de bonbons : le confiseur.
   le marchand de viande : le boucher.

Fiche n°30 Connais-tu le monde ? (pages 65 et 66)

1. c.
2. c.
3. a.
4. b.
5. b.
6. c.
7. a.
8. c.

Fiche n°31 La merlette et le renard (1) (pages 67 et 68)

Découvre le texte

2. Relier :
   La merlette : faible.
   Le renard : vilain.
   Le chien : hardi.

Retiens les informations

1. a) La merlette a <u>quatre oisillons</u>.
   b) Le renard <u>mange les oisillons</u>.
   c) Le chien <u>dormait</u>.
2. Dessiner le renard au bord du ruisseau, près du hallier ; le chien sous l'arbre.

Au-delà du texte

Entourer : Les renards mangent des oiseaux.
La merlette est la femelle du merle.
Le renard est un animal rusé.

Fiche n°32 La merlette et le renard (2) (pages 69 et 70)

Découvre le texte

1. Souligner : Chat - courir - mange-moi.
2. Colorier le dessin c.

Retiens les informations

1. La merlette appelle au secours le chien.
2. Le chien étrangle le renard.

Au-delà du texte

le merle - la merlette - le merleau
le chien - la chienne - le chiot
le renard - la renarde - le renardeau

Fiche n°33 La renarde (pages 71 et 72)

• Description

tête fine
oreilles triangulaires
museau pointu
pelage roux
queue touffue

• Nourriture

Elle mange des proies mortes, des rats.

• Habitat

La renarde habite dans un terrier.

• Cri

La renarde glapit.

• Qualités

La renarde est belle, prévoyante, intelligente, rusée, méfiante.

Corrigés

Fiche n°34 Petit Féroce champion de la jungle (1) (pages 73 et 74)

Découvre le texte

Colorier la peau de tigre, le crâne.

Retiens les informations

1. Sa mère peut lui dire qu'il est gentil et mignon.
2. L'arme de Petit Féroce est une massue.
3. Le papa de Petit Féroce chasse les diplodocus.
4. La caverne est tapissée de peaux d'animaux.

Au delà du texte

Le mot à trouver est : préhistoire.

Fiche n°35 Petit Féroce champion de la jungle (2) (pages 75 et 76)

Découvre le texte

Dessiner et écrire : un mammouth - maman - une massue.

Retiens les informations

1. Petit Féroce mange du mammouth à la confiture.
2. Petit Féroce s'entraîne à devenir plus féroce.
3. La fiancée s'appelle Cerise-qui-mord.
4. La fiancée de Petit Féroce est la fille du sorcier.

Au delà du texte

Colorier : les tigres aux grandes dents, les mammouths, le dinosaure.

Fiche n°36 Les survivants du passé (pages 77 et 78)

Découvre le texte

éléphant

crocodile

tortue

scorpion

Retiens les informations

1. Avant, l'animal qui ressemblait à l'éléphant s'appelait : Moeritherium
2. L'animal qui a le moins changé est la tortue vorace.
3. Le scorpion a survécu car il est résistant.
4. Le crocodile existe depuis 160 millions d'années.

Fiche n°37 **Le garçon qui criait au loup** (pages 79 et 80)

Découvre le texte

1. Colorier : Luigi et le loup.

2. Dessiner un bonhomme de neige.

Retiens les informations

1. Luigi est un enfant menteur.
2. Le loup est féroce.
3. Les habitants du village ne croient plus Luigi.
4. Le loup mange l'enfant.

Au delà du texte

un loup farceur

un loup charmant

un loup affamé

Fiche n°38 **Pierre et le loup** (pages 81 et 82)

Découvre le texte

1. Dessiner et écrire : l'oiseau - le canard - le chat - le loup.
2. Le canard s'éveilla et se réjouit de voir ouverte la porte du jardin.
   Le canard barbota dans la mare, l'oiseau battit des ailes.
   Quant au canard, il sortit de l'eau pour tirer la langue au loup.

Retiens les informations

1. Au début de l'histoire, l'oiseau est sur le grand arbre.
2. Le canard et l'oiseau se disputent.
3. Le loup pense que le canard a du toupet.
4. Le grand loup gris sortit de la forêt.

Au delà du texte

1. Réponse individuelle.
2. Par exemple, écrire : Le Petit Chaperon rouge, Les trois petits cochons, La chèvre et les chevreaux...

Fiche n°39 À la bibliothèque : à propos des loups (pages 83 et 84)

Découvre le texte

1. Écrire : *Sylvain et Sylvette : Le banquet des compères.*
2. Écrire : *Les contes bleus du chat perché* ou
   Contes de sorcières, loups et draculoups.
3. Écrire : *Le garçon qui criait au loup -*
   Le loup, la biche et le chevalier.

Retiens les informations

1. Tous ces ouvrages parlent des loups.
2. Dans cette bibliothèque, on trouve des livres.
3. Le livre-cassette a pour titre : *Le garçon qui crait au loup*.
4. L'auteur des contes bleus du chat perche s'appelle *M. Aymé*.

Au delà du texte

Réponse individuelle.

Fiche n°40 Un étrange baby-sitter (1) (pages 85 et 86)

Découvre le texte

1. On trouve trois fois le mot pirate.
2. Colorier le manteau, le foulard à pois, la jambe de bois,
   le bandeau sur l'œil, la bouteille de rhum.

Retiens les informations

1. Le pirate s'appelle Monsieur Mâchefer.
2. Les enfants se prénomment : Alpha, Olivier et Oméga.
3. Le pirate a perdu un œil, une jambe, un bras.
4. Le sourire de Mâchefer est sauvage et farouche.

Au delà du texte

1. Entourer : Mâchefer - Corsaire rouge.
2. Entourer le dessin a.

Fiche n°41 Un étrange baby-sitter (2) (pages 87 et 88)

Découvre le texte

1. – Je l'étais autrefois, mes amis, répondit Orphée Mâchefer avec un soupir de regret. Maintenant je suis à la retraite. Enfin, pas tant que ça. Je trouve que cette maison convient parfaitement pour mes projets secrets.

Retiens les informations

1. Orphée Mâchefer est maintenant à la retraite.
2. Il faut envoyer un message aux autres pirates.
3. Orphée Mâchefer veut organiser une fête.

Au-delà du texte

Le message est : Rendez-vous à la maison des Terrapin, ce soir à 21h.

Fiche n°42 Fabriquez vos pièces de huit et vos doublons (pages 89 et 90)

Découvre le texte

1. Ce texte est une fiche de fabrication.
2. Les verbes sont : dessinez - découpez - coupez - recouvrez - dessinez.

Retiens les informations

1. Les pirates enterraient leur argent très rarement.
2. Les couvercles de pots de confiture servent à dessiner les pièces.
3. La première chose à faire pour ce bricolage est de dessiner.
4. Le cutter est un outil dangereux pour couper.

Au-delà du texte

1. Colorier la tirelire, la banque, la chaussette, le coffre-fort.

2. Cette monnaie s'appelle l'Euro.

Test d'évaluation n°3 **La légende du feu** (pages 91 et 92)

1. Le peuple des animaux vit sans feu.
2. Les animaux mangent la nourriture sans la faire cuire.
3. Le peuple des animaux avait froid en hiver.
4. Celui qui rassemble le peuple des animaux est le vieux coyotte.
5. Le coyotte prend la parole.
6. Le seul moyen de se réchauffer pour ces animaux est de posséder le feu.
7. Les personnes qui détiennent le feu sont les trois sœurs Habits Jaunes.
8. Les trois sœurs sont méchantes.
9. Les trois sœurs vivent au sommet d'une montagne enneigée.
10. Pour dérober le feu, les animaux doivent s'unir.

Fiche n°43 (pages 93 et 94)

1. Relie les lettres dans l'ordre de l'alphabet. Tu trouveras quel

2. Place chaque mot au bon endroit dans la grille.

REPAS - RENTRÉE - FÊTE - VOYAGE - NEIGE - DÉGUISEMENT - SORCIÈRE - INDIEN - ENFANT - PRÉHISTOIRE - LOUP - PIRATE - ~~RENARD~~ - LOUVE

	V				F										
	O		P	R	É	H	I	S	T	O	I	R	E		
	Y				T			O			N		N		
	A			R	E	N	A	R	D		D		F		
	G							C			I		A		
R	E	N	T	R	É	E		I			E		N		
E					L			È			N		T		
P					O			R							
A		D	É	G	U	I	S	E	M	E	N	T			
S					P						E				
										P	I	R	A	T	E
											G				
							L	O	U	V	E				

Fiche n°43

3. Des personnages des histoires que tu as lues sont deux par deux. Relie-les.

4. Devinettes

– Coulée de neige en 9 lettres :

A V A L A N C H E

– Maison indienne en 4 lettres :

T I P I

– Petit de la merlette en 7 lettres :

M E R L E A U

– Redoutable araignée en 6 lettres :

M Y G A L E

Fiche n°44

Messages en tous genres

1. Bouteille à la mer
Écris les voyelles qui manquent pour comprendre le message du pirate.

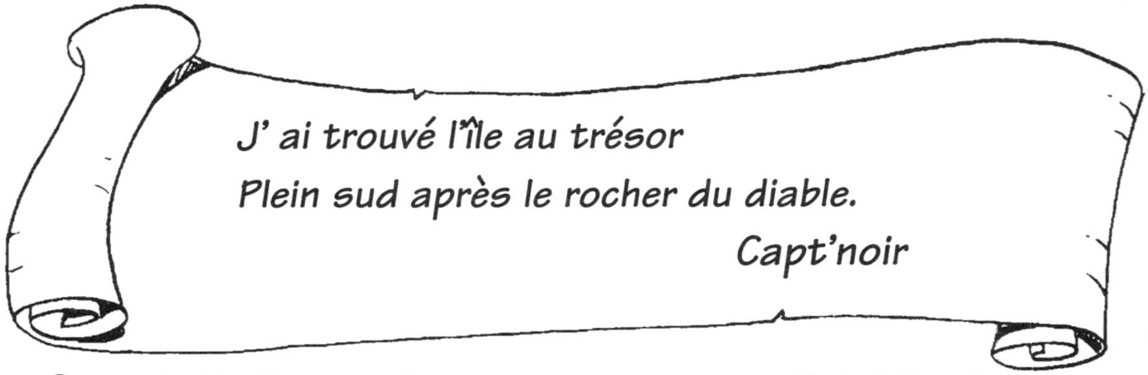

2. Le chef indien envoie un message pour avertir la tribu de l'arrivée d'un troupeau. Remets les lettres dans l'ordre pour trouver de quels animaux il s'agit.

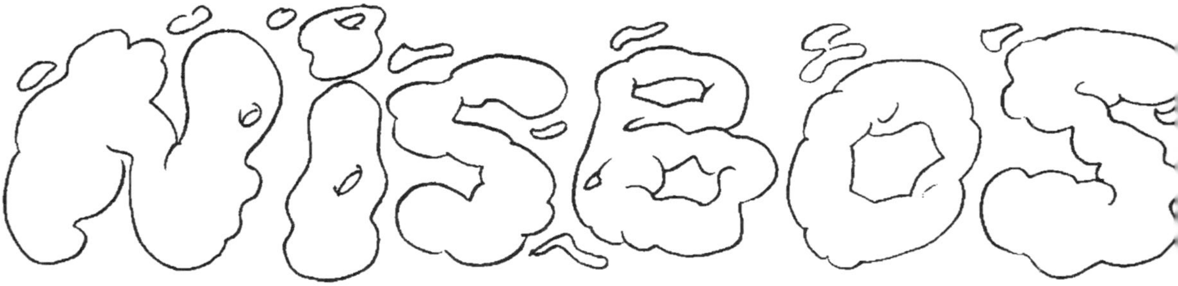

Il s'agit des bisons.

3. Écris le message que Petit-Féroce a laissé à sa mère.

Je suis parti chasser le mammouth dans la forêt.

Fiche n°44

4. Observe bien ces grilles.

Entoure les mots communs aux deux grilles.

bac	branche	risque	avant
boue	page	dents	il
mal	malade	a	eau
de	aux	bouc	arrière

rage	loup	livre	nez
lent	disque	dans	île
dents	eau	mal	de
tranche	il	aux	a

Écris ces mots et forme une phrase.

Il a mal aux dents.

5. Retrouve les mots suivants dans la grille. Entoure-les.

Ils peuvent être écrits → ou ↓ .

CROQUER - NAVIGUER - MANGER - SKIER - ÉCRIRE - ~~RIRE~~ - DÉVORER

O	M	A	R	L	R	D	I
N	A	V	I	G	U	E	R
I	N	B	R	A	I	V	S
N	G	O	E	R	F	O	U
T	E	S	K	I	E	R	Z
O	R	C	L	A	T	E	U
C	R	O	Q	U	E	R	S
B	É	C	R	I	R	E	O

Imprimé en France par l'Imprimerie Hérissey - 27000 Évreux - Dépôt légal : 10910 - 01/99 - N° d'impression : 82799